당신의 컬러는 무엇입니까

에니어그램 심리학으로 보는 9가지 성격유형의 비밀

당신의 컬러는
무엇입니까

리즈 카버Liz Carver · 조시 그린Josh Green 지음

서정아 옮김

WHAT'S YOUR
ENNEATYPE?

미래의창

차례

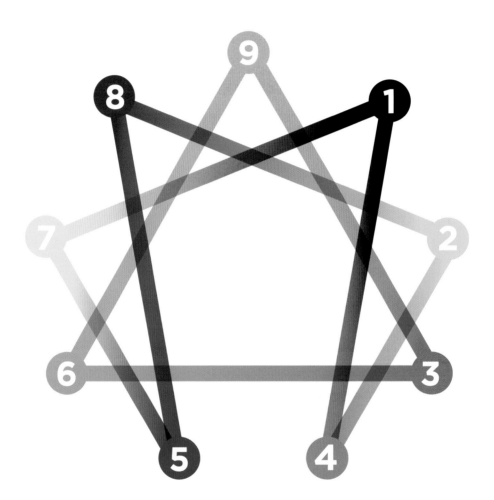

에니어그램에 대한 올바른 이해

● ● ● ● ● ● ● ● ●

당신이 열고 싶은 디너파티를 생각해보자. 누가 참석할지, 장소는 어디로 할지, 언제 할지, 주최만 할지, 요리도 직접 할지, 누구의 도움을 받을지, 누구를 초대할지 오감을 동원하여 상상해보라. 어떤 분위기일까? 음악은 무엇으로 틀까? 어떤 향초를 피울까? 무엇을 먹을까? 언제 어떻게 끝낼까?

질문에 대한 답을 통해 당신에 대한 것들을 많이 알게 될 것이다. 리즈는 손님 몇 명만 초대하여 자기 집에서 디너파티를 여는 것을 좋아한다. 그녀는 손님들이 도착하기 전에 음식을 잔뜩 준비해놓는다. 그리고는 손님들과 음악이 흐르는 편안한 분위기 속에서 먹고 마시며 이런저런 이야기를 주고받는다. 그러다 밤 10시가 되면 손님들을 보낸다. 리즈는 손님들이 도와주는 것을 좋아하지 않으며, 상황에 어울리는 멋진 접시에 요리를 담아 대접하는 것을 즐긴다. 그녀는 체계를 세워놓고 미리 준비를 해둔다. 그래야 최대한 자유와 여유를 누릴 수 있기 때문이다. 반면에 조시는 디너파티를 자기 집에서 열기보다는 친한 친구들의 집에서 여는 것을 좋아한다. 친구가 세부사항을 책임지고 조시는 친구의 조수이자 보조 셰프로서 음식 조리와 파티 준비를 돕는다. 그는 파티에 첫 번째로 도착하여 마지막으로 떠나는 편이다. 파티장 이곳저곳을 오가면서 다양한 사람들과 온갖 흥미로운 대화를 나눌 수 있는 사람이기도 하다. 조시가 구상하는 파티는 몇 시간씩 이어지다가 심오한 대화를 나누는 가운데 마무리된다.

이처럼 디너파티를 상상해보면 사람들의 성격이 제각각 다르다는 사실을 깨달을 수 있다. 이런 식의 사고 실험을 통해 많은 정보를 도출해낼 수 있다. 리즈처럼 파티 주최자 역할을 좋아하는 사람이든 조시처럼 사교적인 사람이든 (아니면 디너파티 자체를 좋아하지 않는 사람이든) 누군가가 내놓는 답은 그 사람의 성격에 대해 많은 것을 알려준다.

인간은 누구나 오랫동안 다듬어진 자기만의 렌즈를 통해 세상을 본다. 유전인자, 성향, 가정환경, 성격, 경험, 상처, 나이, 사회·경제적 지위, 민족, 문화는 우리가 세상을 바라보는 방식과 그 안에서 살아가는 방식에 영향을 준다. 우리는 일생동안 세상에서 두각을 드러내는 법을 배운다. 그리고 20대가 되면 예기치 못한 타격이 없는 한 특정한 행동 양식을 익히게 된다. 문제는 우리가 반드시 바람직하고 유익하며 건전한 행동 양식만 익히지는 않는다는 사실이다. 어려서 익힌 대응 방식에 따라 습관이 만들어지며, 어린 시절의 상처로 렌즈는 흐려진다. 세상일에 대한 우리의 반응은 대부분 건전하지 못한 패턴에 의해 형성된다.

에니어그램은 사람들에게 동기를 부여하는 요소가 무엇인지 규명하는 도구다. 성격 검사가 아니라 익혀야 할 틀인 것이다. 에니어그램의 목표는 사람들이 어떤 행동을 하는지 알아내는 것이 아니라 사람들이 하는 행동의 원인을 규명하는 것이다. 무엇보다도 에니어그램은 사람들에게 원래의 행동 양식에서 벗어나 성장하며 나쁜 습관을 떨쳐버리고 건강하지 못한 내면의 이야기를 바로잡도록 유도하는 도구다.

에니어그램의 정의

9개의 꼭짓점이 있는 도형

에니어그램은 다양한 개념을 포괄한다. 에니어그램enneagram이라는 단어는 '9개의 꼭짓점이 있는 도형'을 뜻하는데 이 도형은 놀랄 만큼 많은 것을 알려준다. 9개의 축은 저마다 다른 유형을 상징하며 에니어 타입Enneatype은 '1'에서 '9'까지 있다(각 유형은 쉬운 표현으로 설명된다). 9번 유형이 도형 꼭대기의 정중앙에 있으며 1부터 8까지의 유형이 시계 방향으로 배치된다.

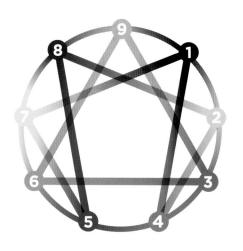

개별 유형은 도형을 가로지르는 선이 나타내듯이 두 가지의 다른 유형과 연결된다. 연결된 선은 (성장, 건강, 행복 등의) 통합과 (스트레스, 질병, 혼돈 등의) 분열이 작용하는 방식을 보여준다. 자세한 내용은 앞으로 알아보기로 하자. 에니어그램 도형을 통해 우리는 자아가 항상 최상의 상태를 유지하지만은 않는다는 사실을 알게 된다. 사람들은 때로 헛수고를 하며 자신이 원하는 만큼 세상에서 두각을 드러내지 못한다. 이러한 상태를 분열 disintegration이라고 한다. 분열이 발생하면 우리는 연결선이 가리키는 분열 방향의 성격 특성 중 가장 건강하지 못한 특성을 보인다. 물론 우리의 자아가 최상의 상태에 도달할 때도 있다. 그럴 때 우리는 일상적인 행동을 초월하여 한층 더 숭고한 행동을 하게 된다. 이러한 상태를 통합integration이라고 한다. 통합이 발생하면 연결선이 가리키는 통합 방향의 성격 특성 중 가장 건강한 특성을 발휘한다.

에니어그램은 (그림과 같이) 원으로 연결된 형태를 취하기도 한다. 이러한 형태의 에니어그램은 개별 유형과 다른 유형을 연결하는 4개의 연결선, 앞서 살펴본 통합과 분열의 선, 개별 유형을 바로 옆 유형과 연결하는 외부의 선으로 구성된다. 외부의 선은 날개 wing를 나타내는데 날개란 자신의 핵심 유형 바로 옆에 있는 두 가지 유형을 뜻한다. 그 두 가지 유형은 당신이 이 세상에서 행동하는 방식에 영향을 주기도 한다. 어떤 사람은 한 가지의 날개만 지니는 반면에 (균형 잡힌) 양쪽 날개를 지니거나 전혀 지니지 못한 사람도 있다.

이 책을 읽으면서 개별 유형에 대해 알아나가는 동안에 에니어그램이 9개의 꼭짓점이 있는 도형임을 잊지 말아야 한다. 그렇게 하면 9가지 유형의 상관관계에 대해 좀 더 쉽게 이해할 수 있다.

자기 계발의 수단

무엇보다도 에니어그램은 자기 계발의 수단이다. 에니어그램의 초점은 우리가 어떤 행동을 하느냐보다는 어째서 특정 행동을 하는지에 맞춰진다. 에니어그램을 통해 우리는 나쁜 습관을 떨쳐버리고 건강하지 못한 내면의 이야기를 수정하며 한층 더 통합된 자아로 성장하는 계기를 마련할 수 있다.

사람들은 성격 검사를 좋아한다. 필자들 역시 각자 다른 시기에 마이어스-브릭스 유형 지표Myers-Briggs Type Indicator(이하 MBTI)에 탐닉한 경험이 있다(조시는 ESFJ, 리즈는 INTJ다). 그러나 어떤 시점에 이르러 필자들은 성격에 대해 더 많은 정보가 필요하다고 생각하게 되었다. 리즈는 INTJ 성격의 특징 중 하나인 날카로운 면이 자신에게 딱 들어맞지 않는다는 사실을 깨달았다. 물론 MBTI를 높이 평가하고 인용하기는 했지만 MBTI는 자기 인식만 제공하는 면이 있다. 리즈가 정말 원한 것은 형성과 성장이었다. 그때 그녀는 성장의 계기를 마련해주는 에니어그램을 접했다.

스스로를 단련하는 수단

변화 없이는 성장도 없다. 그리고 변화는 본질적으로 고통스럽다. 에니어그램에 대해 가르치는 리처드 로어Richard Rohr는 "자기 인식은 내적 작용에 대한 인식으로 이어진다"라고 말했다. 즉, 에니어그램이 아픈 진실을 일깨워주는 '벅차고도 고통스러운 과정'이라는 것이다. 이 책을 읽는 것도 아픈 진실을 직면하는 과정이 될 것이다.

각 장은 커다랗고 긴 그림자를 만들어내는 숫자 아이콘으로 시작된다. 에니어그램의 9가지 유형이 동기뿐만 아니라 그림자를 중심으로 이루어진다는 것을 보여주기 위한 것이다. 이 책을 읽는 동안 스스로에게 솔직해지라고 말하고 싶다. 각 유형에는 매우 어두운 그림자 측면도 포함되어 있다. 이처럼 어두운 그림자 측면이야말로 우리가 끄집어내고 연구하며 극복해야 할 대상이다. 에니어그램의 목표 가운데 하나는 각자의 가장 큰 장점과 단점이 서로 밀접하게 연결되어 있다는 사실을 깨닫는 것이다. 현재의 모습을 극복하여 한층 더 성장하고 한층 더 통합되고 건강한 사람이 되려면 스스로의 결함과 바람직하지 못한 동기를 파악할 필요가 있다.

우리는 인스타그램 계정(@justmyenneatype)을 통해 자신들이 "가장 나쁜 유형"으로 나왔다거나 우리가 자신들의 유형을 "아주 안 좋게" 묘사한다고 항의하는 댓글이나 쪽지를 자주 받는다. 그러나 최악의 유형이나 최고의 유형은 없다. 또한 우리는 9가지 유형 각각을 설명할 때 항상 일관성, 공정성, 객관성을 유지하는 데 초점을 두었다. 어쨌든 그러한 쪽지를 보내는 사람의 내면에서 어떤 일이 벌어지고 있는지 대충 짐작이 간다. 에니어그램의 진실성이 그들의 그림자 측면을 건드려서 마음이 불편한 것이다. 그럴 때 사람들은 괴롭고 힘겨워한다.

그러나 그처럼 불편한 순간을 받아들이고 활용해야 한다. 불편함은 우리를 성장과 치유로 이끄는 축복이다.

공감 훈련

에니어그램은 타인을 이해하는 데 도움이 되는 수단이다. 이 책을 읽은 사람은 세상을 바라보는 방식에 9가지가 있다는 사실을 알게 된다. 남들이 나와 비슷한 외적 특성이나 반응을 보인다고 해서 그 내적인 동기까지 반드시 비슷하리라는 법은 없다.

우리와 함께 일하는 사람들은 대개 인종, 출신지, 사회 경제적 지위, 세대, 종교, 경향이 제각각이다. 우리는 다양성을 크게 중시하는 조직에서 일한다. 다양한 구성원으로 이루어진 공동체에서 일하다 보면 마찰이 자주 발생할 수밖에 없다. 날마다 마찰을 겪는 사람도 허다하다. 에니어그램을 이해하고 주위 사람들이 얼마나 긴장된 상태로 살아가는지 알게 되면 그들이 매몰찬 반응을 보이거나 비난을 퍼붓거나 마음을 걸어 잠그거나 침잠하는 이유가 무엇인지 깨달을 수 있다. 또한 어째서 어떤 업무 조직은 제대로 돌아가지 않는 반면에 어떤 업무 조직은 효율적으로 돌아가는지 이해할 수 있게 된다. 에니어그램은 다양성을 가리고 있는 장막을 한꺼풀 벗겨냄으로써 우리가 남들과 공감할 수 있도록 유도한다. 당신도 에니어그램 9가지 유형에 대해 알아보면서 주위 사람들에 대한 이해심과 공감 능력을 키워가기를 바란다.

에니어그램을 제대로 이해하자

에니어그램은 속임수가 아니다

에니어그램은 좋은 방향으로도, 나쁜 방향으로도 이용할 수 있는 수단이다. 요즘 에니어그램의 인기가 치솟다보니 에니어그램을 일종의 속임수처럼 사용하는 사람들도 있다. 남들의 정보와 비밀을 '까발리고 들춰내는' 꼼수로 악용하는 것이다.

그러므로 에니어그램의 본질을 제대로 이해할 필요가 있다. 무엇보다도 에니어그램이 자기 자신에게 도움을 주는 도구라는 점을 잊지 말아야 할 것이다. 에니어그램은 자기계발을 돕는 도구다. 에니어그램을 통해 주위 사람을 이해하게 되면 스스로도 성장하고 인간관계를 바로잡을 가능성이 커진다. 다른 사람에게 꼬리표를 붙이는 도구로 이용해서도, 일종의 게임 수단으로 하찮게 사용해서도 안 된다. 에니어그램을 잘못된 방향으로 이용하면 남들을 밖으로 드러난 특성과 선입견만으로 과소평가하고 틀에 박힌 시각으로 바라보게 된다. 이는 남들의 기분을 상하게 하는 행동이다. 바로 그런 행태 때문에 자신의 에니어그램 유형을 밝히기를 꺼려하는 사람들이 많다.

에니어그램은 핑계거리가 아니다

에니어그램을 처음 공부하기 시작한 사람은 자기 인식 단계에서 그치는 경우가 많으며 이는 에니어그램에 대한 비난으로 이어지곤 한다. 그러나 앞서 말했듯이 에니어그램을 제대로 이해하면 자기 인식이 끝이 아니라 성장의 발판임을 깨달을 수 있다. 예를 들어 자신이 2번 유형이라는 사실을 파악한 사람은 2번 유형의 특성이 자만심의 핑계거리가 될 수 없음을 잘 알게 된다. 자만심은 2번 유형의 그림자 측면이며 뿌리 뽑아야 할 요소이기 때문이다.

그림자 측면을 직면할 준비가 되어 있지 않거나 용기가 없어서 에니어그램에 대한 관심을 끊어버리는 사람이 많다. 그래도 괜찮으니 그 사람들을 재촉할 필요는 없다. 에니어그램은 자기 자신을 위한 도구이지 남들을 바꾸는 도구가 아니기 때문이다.

9가지 유형만 있는 것이 아니다

일단 에니어그램의 기본 유형은 9가지다. 그러나 실제로는 그보다 훨씬 더 다양한 유형이 존재한다. 우리가 앞서 설명한 에니어그램 도형의 선은 개별 유형이 각자의 상태(통합이나 분열)에 따라 달라질 수 있음을 보여준다.

또한 각 유형의 날개는 특징을 세분화해서 보여준다. 개별 유형에는 본능을 나타내는 하위 유형도 존재하는데 이는 해당 유형을 한층 더 심층적으로 탐구하는 데 도움을 준다. 예를 들어 8번 유형 중에서도 7번 날개를 지닌 8번 유형은 사회적 본능이 강하며 9번 날개를 지녀서 자기 보존 본능이 강한 8번 유형과는 많이 다르다.

이 책의 표지를 다시 한번 살펴보면, 표지 윗부분에 9가지 유형이 단색으로 그려진 것을 볼 수 있다. 그러나 그 각각의 색상은 아래로 내려가면서 여러 가지 명암으로 표현된다. 앞서 살펴본 예시로 돌아가서 8번 유형을 빨간색으로 가정해보자. 빨간색에 여러 가지 색조가 있듯이 8번 유형에도 다양한 하위 유형이 존재한다. 이처럼 에니어그램은 놀랄 만큼 다양하고 유용한 정보를 제공한다. 하지만 그렇다 하더라도 에니어그램으로 자신에 대한 모든 정보를 알아내는 것은 불가능하다.

에니어그램 유형을 찾는 방법

자신의 에니어그램 유형을 찾아내기에 가장 좋은 방법은 9가지 유형에 대해 모두 알아보는 것이다. 종이 위에 1부터 9까지 숫자를 써놓은 다음에 각각의 유형을 학습하고 나서 자기와 전혀 관련 없는 유형을 지워나가는 방법을 추천한다. 이렇게 하다 보면 마지막에 자기 유형을 찾을 수 있다. 물론 설명을 읽자마자 자기 유형을 찾아내는 사람도 있을 것이다. 무엇보다도 에니어그램은 그저 성격 검사가 아니라 자기 인식과 성장의 토대라는 점을 명심해야 한다.

우리가 제시하는 에니어그램은 정량적인 검사가 아니라 정성적인 접근법이다. 정확한 결과를 얻으려면 더 많은 시간이 필요하며 그처럼 시간을 들이는 것도 과정의 일부다. 흔히 하는 에니어그램 검사로는 가야 할 방향만 알 수 있을 뿐이지 자신의 정확한 유형을 확인할 수 없다. 정확한 유형을 알아내는 것은 순전히 자기 몫이다. 어쨌든 에니어그램 검사는 문항에 정확히 답할 수 있을 정도로 자기 인식이 잘 되어 있는 사람에게만 유용한 것이다.

자신의 에니어유형을 찾아내려면 읽고 연구하고 공부하는 수밖에 없다. 주된 욕구나 두려움, 동기가 무엇인지 알아보다 보면 자신의 유형이 분명해질 것이다. 어떤 이는 자신의 유형을 3분 만에 찾아내는 반면에 몇 년씩 걸리는 사람도 있다. 둘 다 (그리고 그 중간에 있는 사람도) 지극히 일반적인 경우다.

자신이 2~3가지 유형에 걸쳐져 있는 것 같으면 성장과 스트레스 번호stress number에 집중해보자. 특히 주된 두려움, 욕구, 동기에 초점을 맞추고 좀 더 깊이 들어가 하위 유형을 알아보라. 그러나 무엇보다도 자신을 불편하게 만드는 유형에 주목하고 자신이 공감하는 유형을 찾는 것이 가장 중요하다. 대체로 불편하게 느껴지는 유형은 그림자 측면인 경우가 많으며 자신의 유형을 찾을 수 있는 실마리가 되기도 한다.

이 책을 읽는 방법

이 책의 취지는 정보의 공유다. 우리는 에니어그램이 성장을 돕는 수단이라고 믿으며 이 책이 삶과 관계를 치유하고 성장시키는 발판이 되기를 바란다.

이 책을 순서대로 읽으면서 9가지 유형을 차례로 알아볼 필요는 없다. 1번 유형에서 시작하든 9번 유형에서 시작하든 중간에서부터 읽든 문제될 일은 없다. (자신의 유형이 무엇인지 안다면) 해당 유형에서 시작하고 여기저기 건너뛰면서 읽어도 좋다. 이 책은 순전히 당신의 책이다. 이제 각 장을 읽으면서 접하게 될 몇 가지 용어를 미리 알아보자. 뒷부분을 읽다가 확실하지 않으면 다시 이 부분을 읽어보면 될 것이다.

하위 유형

하위 유형subtype 또는 본능instinct은 에니어그램을 명확히 이해하는 데 도움을 준다. 사람은 각기 사회적 본능Social Instinct(SO), 성적 본능Sexual Instinct(SX), 자기 보존Self

Preservation(SP)이라는 3가지 본능 중 한 가지에 치우쳐 있다. 자신에게 해당되는 유형에 내재된 본능이 바로 하위 유형이다. 그뿐만 아니라 각 개인은 2번째 하위 유형도 지닌다. 당신은 3가지 본능 중 한 가지가 자신과 관련이 없다는 것을 알게 될 것이다. 예를 들어 9번 유형은 SO/SX 9번 유형일 수도 있다. 1차적 하위 유형이 사회적 본능이며, 2차적 하위 유형이 성적 본능인 9번 유형이라는 뜻이다.

➤ SO 유형은 집단 속에서 편안함을 느끼며 인맥을 구축하려 하고 집단의 이익을 염두에 두고 행동한다. 각 장을 읽다 보면 유형마다 사회적 본능이 어떻게 발현되는지 알 수 있다.

➤ SX 유형은 친밀한 유형이나 일대일 유형으로도 불리는데 다른 사람과의 관계에서 비롯되는 자극을 추구함으로써 행동의 동기를 얻는다. SX 유형은 다른 본능 유형보다 더 강렬하고 열정을 드러내는 경우가 많다. 각 장을 읽다 보면 유형마다 성적 본능이 어떻게 발현되는지 알 수 있다.

➤ SP 유형은 확실한 방법으로 스스로를 보호함으로써 행동의 동기를 얻는다. 주로 자신의 안전과 안락을 추구하는 유형이다. 각 장을 읽다 보면 유형마다 자기 보존 본능이 어떻게 발현되는지 알 수 있다.

➤ 역 유형countertype은 하위 유형에 대해 알아볼 때 접하게 될 용어다. 역 유형일 때는 자신의 유형을 찾기가 쉽지 않은 편이다. 역 유형은 핵심 유형과 반대 방향으로 행동하기 때문이다. 예를 들어 9번 유형의 역 유형은 남들이 보기에 9번 유형의 특성을 찾아볼 수 없지만 실제로는 9번 유형의 동기, 주된 두려움, 욕구, 재능을 빠짐없이 지니고 있다.

날개

날개wing는 핵심 유형의 양옆에 위치한 유형이다. 날개의 특성은 다양한 강도로 나타날 수 있다. 어떤 사람은 매우 강력한 날개를 지니는 반면에 날개가 매우 약한 사람도 있다. 또 어떤 사람은 균형 잡힌 날개를 지니며 날개가 아예 없는 사람도 존재한다. 날개는 두 숫자 사이의 알파벳 w로 표시된다. 예를 들어, 3번 유형이며 4번 날개를 지닌 사람의 유형은 3w4다.

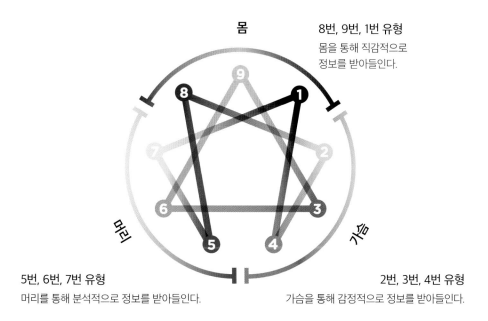

몸

8번, 9번, 1번 유형
몸을 통해 직감적으로
정보를 받아들인다.

머리

가슴

5번, 6번, 7번 유형
머리를 통해 분석적으로 정보를 받아들인다.

2번, 3번, 4번 유형
가슴을 통해 감정적으로 정보를 받아들인다.

에니어그램은 몸, 머리, 가슴 등의 3가지 중심으로 나뉜다. 이러한 3가지 중심은 사람이 정보를 어떻게 받아들이는지 그리고 분노, 두려움, 부끄러움에 어떻게 대처하는지를 보여준다.

➤ **가슴 중심**에 해당하는 3가지 유형(2번, 3번, 4번)은 정보를 감정적으로 받아들인다. 정보를 받아들일 때 기분에 좌우된다는 뜻이다. 이들은 자신이 접하는 모든 것에 대해 감정을 느낀다. 물론 다른 유형들도 감정을 느끼지만 정보를 받아들일 때 신체 지각이나 생각이 앞선다. 가슴 중심 유형은 다른 사람의 기분이나 행동에 주의를 집중하며 영향을 받는다. 가슴 중심에 해당하는 3가지 유형은 수치심 중심 유형Shame Triad이라고 불릴 정도로 자신이 쓸모없다는 기분에 휘둘리는 경향이 있다.

➤ **머리 중심**에 해당하는 3가지 유형(5번, 6번, 7번)은 정보를 분석적으로 받아들인다. 머리로 받아들인다는 뜻이다. 물론 다른 유형들도 생각을 하지만 정보를 받아들일 때 신체 지각이나 감정이 앞선다. 머리 중심 유형에 해당하는 사람들은 관찰력이 있으며 감정이나 정서보다 사실과 논리에 의존한다. 두려움 중심

유형Fear Triad이라고 불릴 정도로 해당 3가지 유형은 결정을 내리거나 미래를 계획할 때 주저하는 경향이 있다.

▶ **몸 중심** 유형에 해당하는 3가지 유형(8번, 9번, 1번)은 정보를 직관적으로 받아들인다. 몸으로 받아들인다는 뜻이다. 이들은 어떤 장소에 들어설 때 무슨 행동을 해야 하는지 본능적으로 깨닫는다. 자신이 처한 환경에 대해 생각하거나 감정적인 반응을 보이기도 전에 직감하는 것이다. 몸 중심 유형에 해당하는 3가지 유형은 무엇이든 바로잡으려는 욕구에 시달린다. 해당 3가지 유형은 분노 중심 유형Anger Triad이라 불릴 정도로 분노를 억누르려 애쓴다.

성향

에니어그램은 3가지 성향stance으로도 구성된다. 의존 성향Dependent Stance, 움츠림 성향 Withdrawing Stance, 공격 성향Aggressive Stance을 구분 짓는 것은 다른 사람과 시간에 대한 일반적인 태도로 결정된다.

▶ 1번, 2번, 6번 유형은 **의존 성향**에 속한다. 다른 사람에게 기대려 하고 남들과의 관계에서 정체성을 찾는다는 뜻이다. 이들은 공동체 지향적이고 남들을 통해 확신을 얻으려 한다. 당연하게도 해당 유형은 스스로 사고하고 생산적인 생각을 하는 것에 어려움을 느낄 수 있다. 그러므로 의존 성향은 '생각이 억제된' 유형으로 불리기도 한다. 그렇다고 해서 1번, 2번, 6번 유형이 전혀 생각이 없다는 뜻은 아니다. 이들의 생각은 다른 유형에 비해 생산적이지 못할 뿐이다. 의존 성향에 해당하는 3가지 유형은 자신의 욕구를 충족할 권리를 얻으려면 그에 합당한 의무를 이행해야 한다고 믿는다.

▶ 4번, 5번, 9번 유형은 **움츠림 성향**에 속한다. 내향적이며 자신의 내면에서 정체성을 찾는다는 뜻이다. 이들은 자신의 욕구를 내면적으로 해결하며 자기 자신의 머리와 가슴을 통해서만 결정을 내린다. 움츠림 성향은 '행동이 억제된' 유형으로도 불린다. 그렇다고 해서 4번, 5번, 9번 유형이 '행동'을 하지 않는다는 뜻은 아니다. 그보다 이들의 행동은 다른 유형에 비해 생산적이지 못할 뿐이다. 이들은 자신의 생각을 끝까지 밀고 나가는 데 어려움을 느낄 수 있다. 움츠림 성향에 해당하는 3가지 유형은 다른 유형에 비해 과거 지향적이다. 그 가장 큰

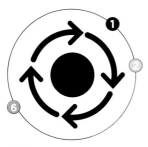

의존

1번, 2번, 6번 유형

다른 사람에게 기대려 하고 남들
과의 관계에서 정체성을 찾는다.
이들은 공동체 지향적이고 남들
을 통해 확신을 얻으려 한다.

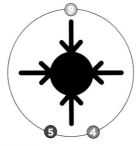

움츠림

4번, 5번, 9번 유형

내향적이며, 자신의 내면에서 정
체성을 찾는다. 이들은 욕구를 내
면적으로 해결하며 머리와 가슴
을 통해서만 결정을 내린다.

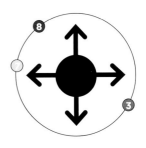

공격

3번, 7번, 8번 유형

외향적이고 자아의식이 강하며,
자신의 요구와 원하는 것을 가지
기 위해 적극적으로 행동한다.

이유는 과거에 매달리면 '행동'이 필요하지 않기 때문이다. 이들은 머릿속으로
과거의 대화와 계획을 여러 차례 되새기면서 자신이 다르게 행동하거나 말해야
했다고 생각하는 경향이 있다.

➤ 3번, 7번, 8번 유형은 **공격 성향**에 속한다. 외향적이고 자신의 욕구를 (공격적일
정도로) 능동적으로 밝히고 충족하려 한다. 이들은 자신이 원하는 바와 가고
싶은 곳을 잘 알며 목적지까지 가는 동안에 그 어떤 방해도 허용하지 않는다.
공격 성향인 3가지 유형은 현재나 과거보다 미래를 지향하며 실천하지 않으면
미래에 아무것도 이룰 수 없다고 믿는다. 해당 3가지 유형은 자신의 감정과
마주하는 일에 서툴다. 그 때문에 3번, 7번, 8번을 '감정 억압적'인 유형이라고
말하는 이들도 있다. 좀 더 정확히 말해 이 3가지 유형은 느끼기보다 실행하고
생각하는 것에 더 익숙하다. 이들은 대개 감정을 사소한 것으로 치부한다. 자신의
감정을 즉각 받아들이지 못하며 다른 사람의 감정에도 잘 공감하지 못한다. 이는
의도적으로 남의 기분을 무시해서가 아니라 감정이 이들의 관심사가 아니기
때문이다.

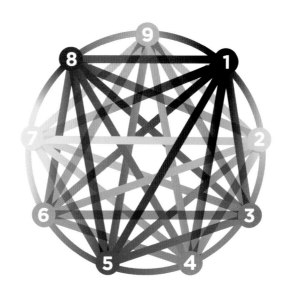

잃어버린 고리들

우리는 사람들이 결국에는 서로 비슷하다고 생각한다. 전통적인 형태의 에니어그램에서는 9가지 유형을 통합과 분열의 방향으로만 연결 짓지만 우리는 9가지 유형 모두 좀 더 복잡한 방식으로 연결된다는 것을 경험으로 터득했다. 그래서 각 장마다 해당 유형에 대해 '잃어버린 고리들Missed Connections'을 설명하는 부분을 넣기로 했다. 이를 통해 연관성이 없다고 알려진 두 가지 유형의 교차점과 공감대를 알아볼 것이다.

깨달음

'깨달음'이란 표현이 조금 과하게 들릴 수도 있지만 우리는 에니어그램을 연구한 끝에 같은 유형이라도 사람마다 현저한 차이가 있다는 사실을 알게 되었다. 일생일대의 사건, 외상, 성격이 뒤바뀔 정도로 큰 영향을 준 상황을 겪은 사람들은 패러다임의 전환이라 할 정도의 전면적인 변화를 보였다. 그러한 경험을 겪은 사람들은 더 이상 습관적 반응autopilot이나 자기 유형의 대응 기제에 의존하지 않을 정도로 완전히 달라졌다. 우리는 이같은 전면적인 변화를 '깨달음'으로 부르기 시작했다. 각 장마다 우리는 해당 유형의 깨달음에 대해 설명하는 부분을 넣었다. 각 유형이 정해진 틀을 벗어나 진정으로 삶이 뒤바뀌는 깨달음을 얻으려면 어떤 식의 패러다임 전환이 필요한지 알아보기 위해서다.

평화주의자,
중재자,
조정자

도전하는 사람,
보호자,
옹호자

개선하는 사람,
개혁가,
완벽주의자

열정적인 사람,
낙천주의자,
쾌락주의자

도와주는 사람,
퍼주는 사람,
돌봐주는 사람

충실한 사람,
회의주의자,
보호자

성취하는 사람,
실행하는 사람,
동기 부여자

탐구자,
관찰자,
이론가

개인주의자,
낭만주의자,
예술가

1

개선하는 사람, 개혁가, 완벽주의자

인생 전략: "나는 완벽해야 하고 옳은 일을 해야 한다."
욕망: 상황을 바로잡고, 개선하고 싶다.
행동 유발 요인: 완전무결하고 싶은 욕구, 균형, 윤리, 비난에 대한 두려움,
사악해지는 것에 대한 두려움, 분노, 비난 회피, 실수 바로잡기
그림자 측면: 스스로를 가차 없이 비난하는 내면의 목소리에 시달린다.

2

도와주는 사람, 퍼주는 사람, 돌봐주는 사람

인생 전략: "나는 남을 도와주고 보살펴야 하며 필요한 사람이 되어야 한다."
욕망: 필요한 사람이 되고 싶다.
행동 유발 요인: 소외에 대한 두려움, 불필요한 존재가 되는 것에 대한 수치심,
단절에 대한 두려움
그림자 측면: 자아 정체성을 찾는 데 어려움을 겪는다.

3

성취하는 사람, 실행하는 사람, 동기 부여자

인생 전략: "나는 인상적인 사람이 되어야 하고, 남들에게 잘 나가고 성공한
사람처럼 보여야 한다."
욕망: 성공해야 하거나 성공한 사람처럼 보이고 싶다.
행동 유발 요인: 존경받고 싶은 욕구, 성공하고 싶은 욕구, 가치를 인정받고 싶은
욕구, 좋은 평판을 얻고 싶은 욕구
그림자 측면: 실패에 대한 두려움을 자주 느껴서 자기 자신과 남들에게 정직하지
못할 때가 있다.

4

개인주의자, 낭만주의자, 예술가

인생 전략: "나는 나라는 사실 자체로 인정받아야 한다."
욕망: 남들과 달라지고 싶다. 창의력을 발휘하고 싶다. 특출하고 싶다. 내 정체성을
찾고 싶다.
행동 유발 요인: 진실해지고 싶은 욕구, 고유한 자아를 찾고 싶은 욕구, 자기
목소리를 세상에 내고 싶은 욕구, 세상을 좀 더 아름다운 곳으로 만들고자 하는
욕구
그림자 측면: 남들보다 삶이 엉망이라는 수치심에 시달린다.

탐구자, 관찰자, 이론가

인생 전략: "나는 박식해야 하고 준비된 상태로 있어야 한다."

욕망: 이해하고 파악하며 정통해지고 싶다.

행동 유발 요인: 유능하고 능숙해지고 싶은 욕구, 현실을 탐구하고 싶은 욕구, 그 누구의 참견도 받고 싶지 않은 욕구, 독립성을 유지하고 싶은 욕구

그림자 측면: 남들의 방해, 무지, 공허함을 끔찍하게 생각한다.

충실한 사람, 회의주의자, 보호자

인생 전략: "나는 안전해야 하며, 보호받아야 한다."

욕망: 안전해지고 싶다. 살아남고 싶다. 최악의 상황에 대비하고 싶다.

행동 유발 요인: 안전해지고 지도받고 싶은 욕구, 남들의 도움을 받고 싶은 욕구, 다른 사람을 보호하고 돌보고자 하는 욕구, 확신을 얻고 싶은 욕구

그림자 측면: 최악의 상황에 대한 두려움과 불안감 때문에 무기력해질 때가 많다.

열정적인 사람, 낙천주의자, 쾌락주의자

인생 전략: "나는 즐겁게 살아야 하고 고통을 피해야 한다."

욕망: 즐기고 싶다. 새로운 일을 경험하고 싶다.

행동 유발 요인: 행복해지고 싶은 욕구, 인생을 즐기고 싶은 욕구, 선택을 미루고 싶은 욕구, 즐겁게 살고 싶은 욕구

그림자 측면: 유쾌한 성격 뒤로 고통과 괴로움을 회피하는 성향을 감추고 있을 때가 많다.

도전하는 사람, 보호자, 옹호자

인생 전략: "나는 강해져야 하며, 남들의 조종을 받지 않아야 한다."

욕망: 다른 사람의 통제를 받고 싶지 않다.

행동 유발 요인: 자립 욕구, 진리를 찾고 싶은 욕구, 만인을 위해 정의를 추구하고 싶은 욕구

그림자 측면: 통제당하는 것에 대한 두려움에 시달린다.

평화주의자, 중재자, 조정자

인생 전략: "난 평온하고 침착한 상태를 유지해야 한다."

욕망: 무슨 일이 있어도 평안을 찾고 싶다.

행동 유발 요인: 마음의 평화를 얻고 싶은 욕구, 조화를 이루고자 하는 욕구, 갈등이나 분쟁을 피하고자 하는 욕구

그림자 측면: 평화로운 상태를 유지하려 하기 때문에 정체성을 찾는 데 어려움을 겪는다.

유형별 색깔에 대해

마지막으로 유형별 색깔에 대해 설명해둘 점이 있다. 우리는 개별 유형을 고유한 색깔로 표현한다. 다음은 개별 색깔에 대한 추가 정보와 우리가 해당 색깔을 선택한 이유다.

▶ **1번 유형의 색은 검은색과 흰색이다.** 이들은 세상을 흑백으로 바라보며 중도적인 입장을 취하지 않는다. 1번 유형은 옳고 그름을 명확하게 나눈다. 검은색과 흰색은 깨끗하고 정확한 색상으로 논리적이고 질서정연한 시각으로 세상을 바라보는 1번 유형에 어울린다. 검은색은 견고하고 강인하며 일관성 있는 색상이다. 검은색 정장이나 드레스를 입으면 실패할 일이 없다. 1번 유형은 건강할 때 다른 유형과는 차별화된 방식으로 일관성과 결단력을 보여준다.

▶ **2번 유형의 색은 푸른색이다.** 푸른색은 흔히 하늘이나 바다와 연관되며, 하늘이나 바다는 여러모로 2번 유형과 통한다. 잔잔한 바다와 맑고 푸른 하늘은 2번 유형의 특성인 차분함, 평안함, 안정성을 나타낸다. 하늘과 바다는 거센 폭풍을 몰고 온다는 점에서도 2번 유형과 통한다. 2번 유형은 '거센 폭풍'처럼 사랑할 수 있는 사람들이기 때문이다. 이들은 자기 인생의 중요한 사람들에게 필요한 사랑을 주기 위해서라면 산이라도 옮길 기세로 행동한다. 그러나 2번 유형은 자연의 힘과 마찬가지로 너무 오랫동안 진가를 인정받지 못했다거나 이용당했다는 느낌이 들면 훨씬 더 혼란스러운 폭풍을 일으켜 다른 사람의 평화와 안정을 깨뜨리곤 한다.

▶ **3번 유형의 색은 오렌지색이다.** 3번 유형은 애교와 친화력으로 유명하다. 오렌지색의 활기는 많은 사람을 끌어당기는 3번 유형과도 통한다. 오렌지색은 (비타민 C의 색상으로 사용되는 것에서 알 수 있듯이) 건강과 활력을 상징하며 이러한 점은 3번 유형의 생산성과 효율에 어울린다. 3번 유형은 강인하고 자신만만한 성격을 지녔다고 알려졌지만 성공한 사람처럼 보이기 위해 자신이 처한 환경에 끊임없이 적응하려는 경향이 있다. 그런 면에서 3번 유형은 밝고 강인하지만 그 자체로서는 원색보다 2차색과 통한다.

▶ **4번 유형의 색은 보라색이다.** 보라색은 자연에서 발생하는 색상 중에서 가장 희귀한 색이다. 그런 만큼 남들이 자신을 고유한 개인으로 알아주고 인정해주길 원하는 독특한 4번 유형에 더할 나위 없이 잘 어울린다. 보라색은 차가운

푸른색과 활기찬 빨간색이 혼합된 2차색이다. 보라색은 한색이자 난색으로 쓰인다. 4번 유형이 늘 지극히 '뜨겁고 냉정한' 감정의 극단을 오락가락하는 것과 비슷하다. 고대 근동 지역에서는 보라색이 부자와 왕족을 상징했고 최고급 의복과 물건에만 사용되었다. 보라색은 모든 색상 중에서 마치 유니콘처럼 희귀한 색상이며 4번 유형도 모든 유형 중에서 희귀한 존재다.

▶ **5번 유형의 색은 녹색이다.** 5번 유형은 관찰을 좋아하며 눈으로 정보를 받아들이는 편이다. 인간의 눈은 다른 색에 비해 녹색을 가장 다양하게 인지할 수 있다. 녹색은 인간의 눈이 가장 편안하게 받아들이는 색이기도 하며, 그렇기 때문에 여러 학교와 기관에는 긴장과 불안을 완화하는 녹색 페인트가 칠해져 있다. 5번 유형은 에너지가 부족해지는 경향이 있으므로 녹색처럼 편안한 색은 5번 유형의 재충전 욕구를 채워준다. 녹색은 원색이 지나치게 따뜻하거나 차갑게 사용될 때 균형을 잡아주는 역할을 하곤 한다. 이러한 특성은 5번 유형이 상징하는 객관성과 중용 정신에 잘 어울린다.

▶ **6번 유형의 색은 갈색이다.** 갈색은 중간색 중 하나다. 그렇다고 '지루'하다는 뜻으로 받아들여서는 안 된다. 6번 유형은 단조로움과는 거리가 멀기 때문이다. 세상에는 청동색, 커피색, 적갈색, 밤색, 황갈색, 연갈색과 같이 다양한 농도의 갈색이 존재한다. 하위 유형들을 한 번 훑어보면 모든 유형 중에서 6번 유형이 3가지 본능을 가장 다양하게 갖추고 있음을 알 수 있다. 안에서나 밖에서나 우리를 지탱해주는 기반은 대개 갈색이다. 마찬가지로 건강한 상태의 6번 유형은 주위 사람들에게 도움과 안정을 제공한다. 갈색은 요란하고 강렬한 색은 아니지만, 유연하며 어떤 환경에도 무난하게 어울린다.

▶ **7번 유형의 색은 노란색이다.** 밝고 환한 날과 연관되는 노란색은 낙천적이고 열의가 넘치는 7번 유형의 색으로 가장 적합하다. 노란색은 따뜻하고 강렬하며 이는 7번 유형의 특성이기도 하다. 7번 유형은 폭풍우가 몰아친 후에도 꿋꿋하게 다시 떠오르는 해를 상징한다. 주관과 자아가 강한 사람들이므로 원색과 통한다. 7번 유형은 대체로 원기왕성한 사람들이다. 따라서 노란색처럼 강렬한 색에는 7번 유형의 전형적인 특징이 고스란히 담겨 있다.

▶ **8번 유형의 색은 빨간색이다.** 빨간색과 연관된 고정관념 몇 가지를 떠올려보자. 빨간색은 황소의 분노를 자극한다고 알려졌다. 또한 빨간색 자동차는 속도위반

딱지를 가장 많이 받는다고 한다. 빨간색 신호등과 정지 신호는 보행자나 운전자에게 "안 돼!"라고 소리 지르는 것처럼 보인다. 이 모든 사례를 보건대 빨간색은 강인하고 자기주장이 강한 8번 유형의 떠들썩하고 격정적인 생활 방식과 일맥상통한다. 빨간색은 원색이며 이것은 다른 유형보다 한층 더 자신감이 강한 8번 유형의 특성에도 걸맞는다. 그뿐만 아니라 빨간색은 열정을 상징하는 색이기도 하다. 8번 유형은 자신과 맞먹는 격정적인 상대를 만나면 주저하지 않고 사랑에 빠진다.

▶ **9번 유형의 색은 회색이다.** 회색은 검은색과 흰색이 혼합된 색이다. 9번 유형의 전형적인 특징은 어떤 상황에서도 양극단에 있는 사람들과 어울리고 그들에게 공감할 수 있다는 점이다. 자아가 강한 유형과는 달리 9번 유형은 자아가 모호하므로 좀 더 흐릿하고 덜 강렬한 색이 어울린다. 9번 유형은 남들에게 동화되고 무의식적으로 동일시하며 자아를 지워버리므로 자신이 정말로 원하거나 필요로 하는 것을 깨닫지 못할 때가 많다. 그 결과 9번 유형은 쉽게 만족하고 대세를 따르는 사람들이 되기 쉽다. 따라서 회색처럼 항상 조화를 이루는 중간색이 어울린다.

이제까지 에니어그램에 대해 간단히 알아보았다. 이제 이 책을 정독하고 에니어그램을 좀 더 자세하게 탐구해볼 때다. 우리는 당신이 당신 자신과 주위 사람에 대해 좀 더 많은 정보를 얻기 바란다. 그러나 무엇보다도 에니어그램이 당신에게 건네는 초대장을 받아들였으면 한다. 그림자 측면에 대응하고 이제까지의 행동 양식에서 탈피하여 성장하라는 이야기다. 우리는 당신이 나쁜 습관을 파악한 다음에 떨쳐버리고 건강하지 못한 내면의 이야기를 고쳐 쓰기를 바란다. 우리가 이 책을 쓰면서 느꼈던 즐거움을 독자들도 느꼈으면 한다. 우리의 이야기에 시간을 할애해주는 것에 감사를 보낸다. 그리고 에니어그램 여행에 동참한 것을 환영한다.

조시와 리즈

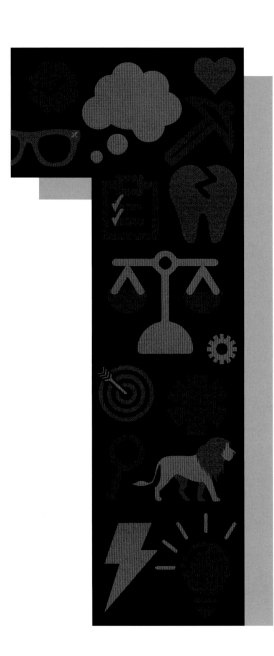

개선하는 사람
개혁가
완벽주의자

에니어그램 1번 유형은 세상을 개선하고 개혁하는 사람이다. 이들은 엄격한 개인 윤리에 따라 행동하는 사람들로 집중력이 강하고 근면하며 꼼꼼한 성격이다. 어떤 상황에서든 옳고 그름에 대해 구체적인 판단을 내리며 결국에는 정의가 승리한다는 것을 입증하기 위해 기진맥진해질 때까지 일한다.

1번 유형은 대담하고 용감하며 강한 확신을 품은 채로 살아간다. 이들은 정의를 위해 투쟁하고 자기 자신을 희생하는 것에 주저함이 없다. 무엇보다도 옳고 그름을 직관적으로 파악한다. 일부는 완벽주의자지만 대다수가 원칙주의자이며 집중력이 강할 뿐만 아니라 비판적이다. 1번 유형은 고결하게 행동해야 한다는 의식, 책임감, 숭고한 목표에 대한 몰입 등의 부담감 때문에 등에 무거운 짐을 짊어진 사람처럼 살아간다.

1번 유형은 사람들을 진심으로 좋아하며 남들을 세심하게 챙긴다. 이들의 정의감, 객관성, 윤리의식은 대부분 타인을 사랑하는 마음에서 비롯된다. 모든 사람이 살기 좋은 세상이 오기를 바란다. 이들은 자기 사람들에 대해 강한 책임감을 느끼고 의무를 다하고 세상을 개선하기 위해 고되게 일한다.

1번 유형이 삶의 대부분을 두뇌에 의존하여 살아가는 것처럼 보이기는 하지만 놀랍게도 이들의 머릿속은 그리 안전한 공간이 아니다. 다른 유형과 달리 1번 유형은 '내면의 비판자Inner Critic'에게 시달린다. 그래서 모든 사람이 내면에서 자아비판의 목소리를 듣는 것은 아니라는 사실을 알고 나면 크게 놀란다. 이들이 듣는 내면의 목소리는 혹독하며 가차 없고 냉엄한데다 모든 생각과 말, 행위를 끊임없이 감시한다. 한마디로 이들의 모든 생각과 행동을 평가하는 것이다.

우리는 에니어그램을 연구하는 동안 1번 유형이 내면의 비판을 듣지 않는 경우나 다른 유형이 내면의 비판을 듣는 경우를 한 번도 접하지 못했다. 1번 유형은 자기 안의 비판자가 냉혹하고 교활하며 시끄럽고 수치심을 자극하며 모욕을 주고 가차 없으며 잔인하다고 말한다. 우리는 1번 유형인 친구 힐에게 그녀 안의 비판자에 대해 묘사해달라고 부탁했다. 다음은 힐이 이메일로 보내온 내용이다.

> 내 안의 비판자는 남자야. 그는 교활하고 화가 나 있으며 부아가 잔뜩 오른 상태에 세상이 멸망하기라도 할 듯이 소란을 피우지. 조용히 있는 법이 드물어. 그가 가장 좋아하는 도구는 수치심이야. '네가 한 짓을 봐. 완전히 엉망으로 해놓았잖아. 넌 아무짝에도 쓸모없어' 같은 말을 해. 일진이 사나운 날에는 몇 초 간격으로 그런 소리를 확성기에 대고 지껄이지. 일진이 괜찮은 날에도 사라지는 법은 없지만 최소한 나서지는 않아. 내가 그가 불쌍한 녀석이라는 사실을 깨닫고 나서 그를 구석으로 밀어내면 혼잣말을 지껄이는 식이지. 대개는 잠잠한 편이고 뉴스 화면 아래에 흐르는 증시 시황처럼 끊임없이 나타나지만 두드러지지는 않아. 난 그 녀석이 폭력적이기는 하지만 아무것도 아니라는 걸 잘 알고 있어. 그 녀석이 내 말이나 생각, 감정에 일일이 트집을 잡지 않는다면 난 훨씬 더 많은 일을 할 수 있었을 거야. 자신감도 훨씬 더 커졌을 테고.

1번 유형이 아닌 독자여, 이 내용을 읽고 나서 힐처럼 자아비판의 목소리와 더불어 살아가는 1번 유형 친구들에게 공감과 연민을 느끼길 바란다. 1번 유형이거나 힐의 이메일을 보고 자신이 1번 유형임을 깨달은 독자에게는 내면의 비판자가 언제, 무슨 내용을 말하는지 기록해두기를 권한다. 내면의 비판은 양심의 목소리와는 다르다. 내면의 비판은 신의 목소리가 아니다. 경청하거나 두고두고 생각할 가치가 없는 목소리다. 우리는 이번 장에서 내면의 비판을 잠재우는 합리적이고 구체적인 방법을 제시하고자 한다. 지금 이 대목을 읽는 1번 유형은 이번 장이 당신의 영혼을 헐뜯는 것이 아니라 성장을 제안하는 내용임을 명심해야 한다. 1번 유형은 그 어떤 유형보다 이 세상의 미덕과 가치를 실천하는 데 힘쓴다. 우리가 사는 이 세상은 현재 정의와 미덕을 정확히 규명해야 할 시점에 있다. 1번 유형이 이번 장을 읽고 용기를 얻기 바란다.

1번 유형의 세계

1번 유형만이 존재하는 세상은 질서정연하고 체계적이며 정의가 승리하는 곳이 될 가능성이 크다. 그러나 선의가 넘치고 내면의 비판에 시달리면서 옳고 그름에 대한 정의가 제각각인 사람들이 가득할 때는 혼돈이 빚어질 수밖에 없다. 옳고 그름에 대한 생각이 저마다 달라서 제대로 처리되는 일이 없을 것이다. 도덕성을 중시하는 사람들 덕분에 평화가 깃들 가능성이 매우 클 것이며 완벽주의에 대한 집착 때문에 스트레스도 높은 확률로 발생할 것이다.

　　최악의 경우에는 세상이 디스토피아 소설처럼 질서 유지 때문에 인간성이 말살되는 곳으로 변할 가능성도 있다. 최선의 경우라면 세상은 질서정연하며 윤리적이고 진이 빠지도록 열심히 일하며 선량한 완벽주의자들로 가득한 유토피아가 될 것이다.

동기 부여 요소

1번 유형의 동기는 옳고 그름과 관련이 있다. 이들은 고결하고 윤리적인 사람이 되고 싶어 한다. 실수를 바로잡고 비난과 비판을 받지 않으려 하며 심지어 비판의 여지가 없을 정도로 완벽해지려 한다. 1번 유형은 '유익'한 사람이 되고 싶어서 끊임없이 자기 자신뿐만 아니라 타인과 온 세상을 개선하려 한다. 이들은 비난과 비판을 받지 않으려고 과로하고 지나치게 고민하며 나무랄 데 없는 사람이 되기 위해 분투한다. 심지어 일부는 완벽에 집착한다. 1번 유형의 중요한 동기 유발 요소는 분노지만 이들은 그 사실을 쉽사리 받아들이지 못한다. 일부 1번 유형이 자기 내면에서 분노와 적의가 샘솟고 있다는 사실을 인정하지 못하는 까닭은 자신이 생각하고 정해놓은 기준만큼 선량하지 않다는 것을 인정하는 셈이 되기 때문이다. 그만큼 1번 유형은 자신이 사악하고 부도덕해질까봐 두려워하며 무책임한 사람이나 부적격자라는 평가를 싫어한다.

그림자 측면

동기 부여 요소의 마지막 문장은 1번 유형의 그림자 측면과 연결된다. 1번 유형은 사악하고 부도덕해지거나 분노하거나 부적격자나 무책임한 사람으로 간주되거나 비난받는 것을 무척 두려워한다. 그러한 두려움의 근원은 아동기에 비롯되었을 가능성이 있다. 1번 유형은 아동기에 '착한' 아이가 되어야 한다는 강박관념에 시달리거나 그렇게 되어야 한다는 압력을 극도로 받았을 것이다. 이러한 그림자 측면은 1번 유형의 가치 지향적인 사고방식에서도 드러난다. 1번 유형은 자신들에게 무엇인가를 누릴 '자격'이 있다거나 없다는 식으로 생각한다. 이들은 어떤 일에 대해 열의는 있지만 경험이 없는 사람과 일하는 것을 괴로워하는 경향이 있다. 이러한 성향은 자기 생각에 '자격'이 없는 사람들에게는 혜택을 주지 않으려는 결과로 이어질 수 있다.

1번 유형 가운데 할 일을 완수하지 못한 일부는 분노를 억누르고 있다가 타인에게 비열한 방식으로 표출하기도 한다. 이들은 내면의 분노에 시달리며 연민과 공감능력이 부족한 경향이 있다. 또한 내재된 비판의 목소리를 해로운 방식으로 표출하는 상태에 이르기도 한다.

1번 유형의 통합과 분열

에니어그램 유형을 연결하는 선은 개별 유형이 통합(성장, 건강, 행복)과 분열(스트레스, 질병, 혼란) 상태로 움직이는 것을 보여준다. 이러한 움직임은 마음이 혼란스러워지는 즉시 곧바로 나타날 수 있으며 그 상태 그대로 꽤 오랫동안 지속되기도 한다. 1번 유형이 (통합의 방향인) 7번 유형이나 (분열의 방향인) 4번 유형으로 움직였다고 해서 7번 유형이나 4번 유형으로 바뀌는 것

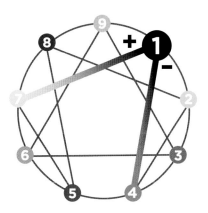

은 아니며 그보다는 해당 유형의 가장 좋은 특성이나 가장 나쁜 특성을 보이게 된다.

1번 유형이 분열하기 시작하면 4번 유형의 건강하지 못한 특성을 보이기 시작한다. 분노를 안에 쌓아두고 위축된 상태로 고립되며 부정적인 생각에 빠져든다. 이때 1번 유형은 우울해질 뿐만 아니라 실제로 우울증 진단을 받기도 하며 크나큰 수치심과 죄의식에 시달린다. 남들에게는 비판적이고 가르치려고 하며 비난하는 어조로 말하는 경향이 있다. 신세한탄을 늘어놓기도 하는데 이때 극도의 자부심을 드러내기도 하며 기분 변화가 두드러지게 나타난다. 쉽사리 기분이 상하거나 성질을 내게 될 가능성이 크며 평소와 달리 곧바로 분노를 터뜨리는 편이다.

1번 유형은 일시적이든 오랫동안이든 좋은 성과를 낼 때는 통합 방향인 7번 유형으로 움직인다. 그렇게 해서 내면의 비판을 잠재운 1번 유형은 자유분방하고 명랑한 7번 유형처럼 즐거움, 긍정적인 기분, 해방감을 느끼게 된다. 이때 이들은 어린 시절의 자아에 접근할 수 있게 되고 과도한 고민을 하지 않고도 열심히 일하며 가치 지향적인 실적 기록을 중단하고 남들을 그 자체로 받아들일 수 있게 된다. 1번 유형은 건강한 상태일 때도 계속해서 강한 확신을 품은 채로 정의와 선을 추구하며, 비난받아야 한다는 부담에 시달리지 않는다. 통합 상태의 1번 유형은 평소보다 경쾌해 보이고 스스로도 그렇게 느낀다. 이때 이들은 세상의 무게에 짓눌리지 않는다. 그리고 품위 있게 처신한다.

경고 신호

| 오해받는 느낌 | 과도한 예민함 | 과도한 자부심 | 변덕스러움 |

| 신세 한탄 | 통제하려 드는 것 | 경직된 사고방식 | 혼란스러운 상태로 인한 스트레스 |

1번 유형 심층 탐구

에니어 사전: 알아두면 유용한 1번 유형의 언어

➤ **텔로스**telos: 일반적인 1번 유형은 흑과 백, 정의와 부정, 선과 악이라는 형식주의적인 접근법에 끌린다. 건강한 1번 유형은 그리스어로 목적, 목표, 의도, 어떤 사건이나 절차의 궁극적인 결과 등을 의미하는 텔로스에 집중하는 경향이 있다. 자기 할 일을 마친 1번 유형은 현재의 불완전한 부분에 집착하지 않고 궁극적인 목표를 향해 노력한다. 텔로스에 대한 집중이야말로 1번 유형이 이 세상에 주는 선물이다. 1번 유형은 현재 상황을 개선하고 개혁하며 심지어 완벽의 경지로 끌어올리기 위해 무엇이 최선책이며 무슨 일이 일어나야 하는지를 잘 알기 때문이다.

하위 유형

➤ **사회적 본능(SO)의 1번 유형**: SO 1번 유형은 지적인 유형으로 자신의 역할을 '교사'로 규정한다. 자신이 이미 아는 것과 완벽해지는 방법을 남들에게 알려주려 하는 것이다. 이들은 기준이 높고 자제력이 강하며 고결함과 원칙에 충실한 행동의 본보기를 보이며 산다. SO 1번 유형은 체계적인 사고방식의 소유자로 자기 일을 전반적으로 잘해내는 것에 초점을 맞추며 다른 사람들에게 일을 제대로 하는 방법을 보여준다. 따라서 SO 1번 유형은 행동만 보면 5번 유형처럼 보일 수도 있다. 그러나 이들은 내적으로는 에너지를 보존하기보다 일을 완벽의 경지로 끌어올리는 데 집중한다.

➤ **자기 보존 본능(SP)의 1번 유형**: SP 1번 유형은 진정한 완벽주의자다. 이들은 걱정이 많고 위험과 문제가 나타나리라 예상하며, 무엇이든 자기가 하는 일을 좀 더 완벽하게 해내는 데 초점을 맞춘다. 이들은 내면의 강력한 비판자에게서 결함투성이라는 비판을 듣기 때문에 스스로에게 가혹하다. SP 1번 유형은 다른 1번 유형보다 더 들떠 있고 조바심과 걱정이 많지만 좀 더 우호적이고 다정하다. 이들은 웬만한 일에는 대비가 되어 있고 분노를 표출하지 않으려는 경향이 있다.

➤ **성적 본능(SX)의 1번 유형**: SX 1번 유형은 역유형countertype인데 SP와 SO 1번 유형에 비해 1번 유형의 특성을 거의 보이지 않는다는 뜻이다. SX 1번 유형은

열의가 넘치고 이상주의적이다. 완벽주의자라기보다는 개혁가이며 다른 1번 유형에 비해 분노를 표출하는 경향이 있다. 무엇이 어떻게 '되어야 하는지'에 대해 뚜렷한 이상을 품으며 자신에게 세상을 개혁할 자격이 있다고 생각한다. SX 1번 유형은 스스로의 행동을 개선하는 데는 관심이 덜하며 남들이 어떤 일을 '제대로' 하고 있는지에 더 큰 주의를 기울인다. 이들은 8번 유형과 매우 비슷하다.

날개

9번 날개가 있는 1번 유형(1w9)은 좀 더 냉정하고 느긋하며 지적이고 냉담하며 객관적인 편이다. 두 가지 몸 유형의 결합체인 이들은 좀 더 내성적이고 초연한데 그 까닭은 특정 상황에서 자신이 해야 할 일과 파급 효과가 가장 적을 만한 일 사이에서 갈등을 겪기 때문이다.

2번 날개가 있는 1번 유형(1w2)은 흥미롭게도 의존 성향인 두 유형의 결합체다. 이들은 사람들에게 좀 더 관심이 많으며 한층 더 따뜻하고 기꺼이 도우며 예민한 편이다. 그러나 2번 유형의 일부 단점을 드러내는 경향도 있어서 1w9에 비해 비판적이고 격하며 목소리가 크고 통제하려 들고 행동 지향적이다.

중심 유형

몸 중심 유형에 속하는 3가지 유형(8번, 9번, 1번)은 정보를 자기 몸이 느끼는 대로 받아들이고 무슨 일이든 바로잡고 싶다는 욕구에 시달린다. 특히 1번 유형은 그 결과 내면의 강력한 윤리의식에 따라 행동한다. 상황이 바로잡혀 있지 않을 때 이들은 겉으로는 비판적인 말을 하는 정도에 그치지만, 속으로는 큰 분노로 부글부글 끓어오른다. 이러한 분노는 특정한 사람, 장소, 사물을 향하는 것이 아니라 자기 생각에 합당하지 않은 세상에 대한 전반적인 분노다.

대부분의 1번 유형은 자신의 분노를 부정하며 기분을 원한으로 표현하려고 한다. 자기 안의 분노를 알아채지 못하는 1번 유형은 남들에게 갑자기 화를 내거나, 대상이 없고 스스로에게 득이 되지 않는 원한에 고통받는 식으로 자기 분노의 희생양이 된다. 그러나 건강한 1번 유형의 분노는 세상에 이로운 점도 있다. 이들은 자신의 분노를 끌어모아 활용할 수 있기 때문이다. 무엇이 옳은지, 무엇을 개선할 수 있을지, 어떻게 하면 더 좋은 세상을 만들 수 있는지를 아는 것은 훌륭한 재능이다. 살아가는 동안 자신의 분노를 연료로 활용하는 법을 터득한 1번 유형은 추진력과 적극성 덕분에 큰 성취를 이루게 될 가능성이 높다.

성향

1번, 2번, 6번 유형은 의존 성향으로 타인 위주로 살며 자아 정체성이 남들과의 관계로 규정된다. 1번 유형은 외적으로 타인과의 관계에 의존하며 내면적으로는 남들이 자신을 어떻게 생각하는지에 의존한다.

의존적인 3가지 유형은 모두 자신의 욕구를 충족하려면 그에 합당한 의무를 이행해야 한다고 생각한다. 이들은 습관화된 일련의 규칙, 이상, 행동 수칙을 따르는 식으로 문제, 위협, 장애물에 대응한다. 게다가 1번 유형은 의존 성향이자 몸 중심 유형에 속하므로 자신의 자율권과 자치권을 얻으려면 흠잡을 여지없이 '훌륭해'져야 한다고 생각한다.

1번 유형은 다른 유형에 비해 지금 이 순간에 충실한 경향이 있다. 이러한 능력 역시 1번 유형의 성장에 도움이 된다. 이들은 미지의 것을 잘 받아들이고 반드시 답을 찾으려 하지 않으면 않을수록 성장할 가능성이 커진다. 1번 유형은 무엇이 어떻게 '되어야 한다'는 생각에서 벗어나 불확실성에 대한 불안감을 억누를 수 있는 방법을 터득할 수 있는 사람들이다. 불가피한 불확실성을 위해 공간을 마련해두자.

잃어버린 고리들

다음은 1번 유형의 '잃어버린 고리들'이다.

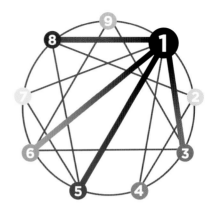

➤ **1번과 3번**: 1번 유형과 3번 유형은 상황을 지속적으로 개선하겠다는 추진력 면에서 일치한다. 이들은 고지식하고 체계적이며 실용적이고 엄격한 직업윤리의 소유자이며 그저 그런 사물이나 상황에 대해 '합당한 불만'을 품는다. 두 유형 모두 강렬한 감정을 느끼면서도 그 같은 감정을 억누르려 애쓴다.

➤ **1번과 5번**: 1번 유형과 5번 유형은 근면한 유형으로 엄격한 직업윤리를 지닌다. 이들은 유용하고 믿음직하고 사람들이다. 시간을 아끼려고 절차를 무시하는 일이 없다. 이들에게는 규칙이 중요하며 경계가 분명하다.

➤ **1번과 6번**: 1번 유형과 6번 유형은 '올바름'을 중시하며 일을 제대로 하는 방법을 찾는다. 규칙과 위계를 중요하게 생각한다. 두 유형 모두 편집증과 자기 회의에 시달리며 헌신적이고 믿음직스러우며 책임감이 강하다.

➤ **1번과 8번**: 1번 유형과 8번 유형은 정의감과 윤리의식이 강하며 정의를 이루고자 노력한다. 두 유형 모두 무엇이든 '바르게' 되어 있지 않으면 크게 격분한다. 따지기 좋아하며 매우 집요하다는 평가를 받기도 한다. 이들은 사물을 몸으로 느끼며 조종당하는 것을 싫어할 뿐만 아니라 마음 속 깊은 분노를 경험한다.

1번 유형을 사랑한다면

누구든 살면서 1번 유형을 몇 명쯤 알고 지냈을 가능성이 크다. 아니면 자신이 사랑하거나 관심 가는 사람이 1번 유형이라서 이 내용을 읽어보는 사람도 있을 것이다. 다음은 1번 유형을 사랑하는 사람이 명심해야 할 사항이다.

➤ **그들은 제동을 걸어줄 사람을 필요로 한다.** 1번 유형은 끊임없이 움직인다. 다음 프로젝트를 위해 일할 필요가 없을 때에도 편히 쉬지 못하고 머리를 굴려 최근에 읽은 책을 생각하는 식이다. 이들은 아침에 두통을 느끼며 깨어나는데

그 까닭은 밤새 두뇌를 혹사하기 때문이다. 1번 유형은 당신이 말할 때 얼굴을 찡그린다. 내면의 비판자가 그들에게 소리를 지르고 있기 때문이다. 그들이 쉴 수 있도록 도우라. 태도로든 물리적 공간으로든 그들에게 긴장을 풀 안락한 공간을 제공하라. 그들을 자연으로 데려가라. 1번 유형의 장점은 자연의 세계에서 발휘된다. 그들이 멈춰도 된다고 느낄 수 있도록 그들의 의무감을 덜어주라. 그러기 위해서는 먼저 그들의 고민과 근심을 경청할 필요가 있다.

► **구체적으로 언급하라.** 1번 유형은 옳고 그름에 대한 생각이 매우 확고하므로 상당히 구체적인 피드백을 주며 남들도 자기에게 구체적인 피드백을 주기를 바란다. 이들은 무엇이든 자기가 하는 일에서 잘못된 점을 찾으려는 성향이기 때문에 "잘했어!"나 "안타까워" 같은 모호한 말은 흘려들으며 꼼꼼한 피드백만을 받아들인다.

► **이들이 기대치를 관리할 수 있도록 도우라.** 1번 유형에게 완벽해질 필요가 없다고 일깨워줄 때는 실용적이고 구체적이며 명확하고 논리적인 말로 표현해야 한다. 이들은 스스로에게 놀랄 만큼 까다로운 기준을 적용한다. 당신이 그 기준을 바꿀 수는 없겠지만 그들에게 완벽을 기대하지 않는다는 점을 분명히 하라. 1번 유형에게는 실수를 저질러도 괜찮으며 상대방이 자신을 조건 없이 사랑하리라는 것을 일깨워줄 필요가 있다. 그들에게 있는 그대로를 사랑하며 그들의 '장점' 때문에 사랑하는 것이 아님을 알려주고, 그 이후에도 같은 말을 되풀이하라.

► **공평해져라.** 1번 유형은 자기 할 일을 완수할 때까지 열심히 일한다. 1번 유형과 살면 의무를 공평하게 나눠서 부담해야 한다. 그렇게 해야 1번 유형이 혼자서 모든 일을 떠맡는 상황에 이르지 않는다.

1번 유형을 위한 조언

내면에 품은 거짓을 떨쳐내라

세상의 그 누구도 완벽한 고립 상태로 존재하지 않는다. 1번 유형이 가장 먼저 인식하고 떨쳐버릴 거짓은 자신이 남들보다 결함이 많으며 그러한 결함을 노력으로 바로잡을 수 있다는 것이다. 이처럼 거짓된 생각이 머리를 들 때마다 다음과 같은 진실로 대체하는 습관을 들여라.

> ➤ **거짓: 실수를 저지르는 것은 나쁘다.** ✔ 진실: 당신이 모든 책임을 짊어질 수는 없다. 실수를 하면 바로잡거나 사과하고 넘어가면 된다. 실수를 한다고 해서 잘한 일이 허사로 돌아가지는 않는다.

> ➤ **거짓: 무엇이든 내 방식대로 처리해야 한다.** ✔ 진실: 당신은 대부분의 경우에 일을 제대로 처리하는 방법을 알고 있지만 일을 처리하는 방법에는 한 가지만 있는 것이 아니다. 사회의 일원이라는 것은 공동체에서 살아간다는 뜻이다. 다른 사람을 사랑하는 방법 중 하나는 그들을 위해 자신의 방식을 단념하기도 하고 타협하기도 하는 것이다.

> ➤ **거짓: 내가 실수할 때마다 다른 사람들이 그 대가를 치르고 있다.** ✔ 진실: 당신의 실수는 생각만큼 남들에게 큰 영향을 주지 못한다. 당신은 중요한 사람이지만 스스로 생각하는 것만큼 중요한 것은 아니다.

> ➤ **거짓: 완벽해질 수 있다.** ✔ 진실: 완벽에 대한 추구를 텔로스에 대한 추구로 바꿀 수 있다. '미완성' 상태에서도 좋은 성과를 낼 수 있다.

> ➤ **거짓: 나는 좋은 사람이 아니다.** ✔ 진실: 당신은 하는 일이나 성과와 상관없이 가치 있으며 사랑받는 사람이다.

파급 효과

당신이 세상에서 행동하는 방식은 다른 사람에게 영향을 끼치며 파급 효과를 일으킨다.

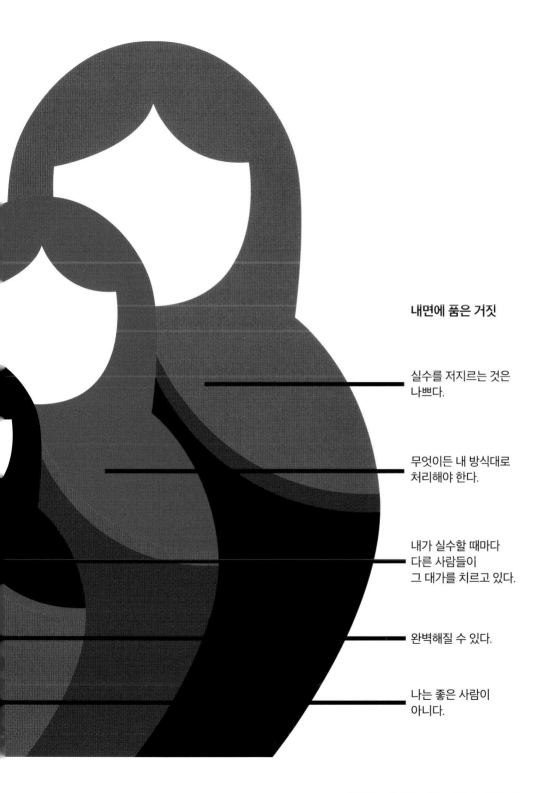

내면에 품은 거짓

실수를 저지르는 것은
나쁘다.

무엇이든 내 방식대로
처리해야 한다.

내가 실수할 때마다
다른 사람들이
그 대가를 치르고 있다.

완벽해질 수 있다.

나는 좋은 사람이
아니다.

➤ 남들에게 경고, 도움, 배려도 없이 자신의 높은 기대치를 강요할 때마다 당신은
그들과의 관계를 망칠 위험에 놓인다. 완벽은 목표가 될 수 없으며 인간은 모두
결함을 지닌 존재이므로 완벽을 실현하는 것은 어떤 식으로든 불가능하다. 다른
사람의 흠을 잡을 때마다 당신과 그 사람의 관계는 나빠진다. 주위 사람을 자기가
원하는 기준에 맞추려고 하기보다는 있는 그대로 사랑하는 법을 배우라.

➤ 당신의 의무가 아닌 일을 떠맡느라 무리할 때마다 당신은 상황, 사람 그리고
자기 자신을 원망하는 길로 들어서게 된다. 주어진 의무의 경계를 정확하게
인식하라. 남들이 일을 할 때 믿고 맡기며 대신해주지 마라.

➤ 항상 올바를 필요는 없다. 주위 사람들에게 관심을 기울이기보다 올바른 일에
더 큰 초점을 맞출 때마다 당신은 그들의 인격을 과소평가하고 자신의 인격만을
과대평가하는 결과에 이르게 된다. 남들에게 스스로 생각하고 해결할 여지를
주라. 당신이 옳더라도 교사처럼 주위 사람이 각자 결론에 이를 수 있도록 돕는
정도에 그쳐야 한다. 사람들과의 관계에서 품위 있게 처신하라.

건강한 습관

➤ **내면의 비판자에게 그만하라고 말하기.**
당신은 내면의 비판자를 통제할 수 있다.
우리는 내면의 비판자가 하는 말을
기록하는 연습을 해보라고 권하고 싶다.
그렇게 해서 내면의 목소리를 파악하고
자기 생각과 구별하는 법을 배우는
것이다. 태도를 바꾸거나 소리내어
"아니야"라고 말해야 할 때도 있다.

> 텔로스에 대한 집중이야말로 1번
> 유형이 이 세상에 주는 선물이다.
> 1번 유형은 현재 상황을 개선하고
> 개혁하며 심지어 완벽의 경지로
> 끌어올리기 위해 무엇이
> 최선책이며 무슨 일이 일어나야
> 하는지를 잘 알기 때문이다.

➤ **자연.** 1번 유형은 자연 속에 있을 때 무엇이 '옳고 그른지'에 대한 생각에서
벗어날 수 있다. 자연이 당신에게 옳고 그름에 대한 강박을 해제하고 그 대신
아름다움과 경이로움에 근거한 새로운 질서를 받아들이라고 유도하기 때문이다.
자연 속에서 속도를 늦추고 스스로와 이 세상과의 관계를 다시 맺으라.

➤ **일지 작성.** 마음의 외침을 기록하고 머릿속에서 몰아내라. 글로써 내면의
비판자에 맞서라. 쓴 말을 소리 내어 읽고 깨달음을 얻으라.

➤ **옳고 그름의 정의에 이의 제기하기.** 좀 더 심층적이고 철저한 질문을 던지는 식으로 스스로에게 도전하라. 동시에 두 가지 또는 그 이상의 진실이 존재하는지는 않는지 스스로에게 질문을 던지라. 다른 사람이 생각하는 진실이 당신에게도 동등한 가치가 있지는 않은지 자문해보라. 기꺼이 타협하라.

➤ **침묵, 고독, 고요함 훈련하기.** 1번 유형은 다른 유형에 비해 이 부분을 어려워한다. 그러나 1번 유형만큼 이 3가지 요소가 필요한 유형은 없다. 3가지 요소를 연습할 때도 경건하고 진실하다고 입증된 문장이나 경전, 노래, 개념 등을 고찰하면 머릿속으로 할 일을 찾을 수도 있다. 그냥 있는 법을 터득하라. 자유로워지고 고독 속에 온전히 존재하는 법을 배워라.

➤ **좀 풀어져라.** 나이, 직업, 역할, 의무와 상관없이 당신은 좀 풀어져도 된다(사실 우리는 그러기를 권장한다!). 노래방에서 노래하고 친구와 농담을 주고받으며

1번 유형의 자기 관리

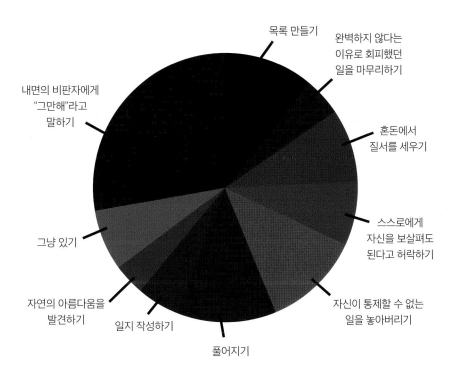

자기 점검

몸

자해/집착/좌절   완벽주의적/강박적 + 비판   고착증 + 비판적 자제력/
주체적

머리

극심한 평가/자기모순   현학적/실수에 대한 두려움   극도의 현명함 + 분별력

가슴

의기소침/변덕/분노   정서적 속박/금욕주의/
끊임없는 감정 억제   희망적/합리적

자아

독단적/독선적   고결함/
"만사를 개선하는 것이 내 의무다"   강한 확신+가치관

타인과의 관계

비난조/실수에 대한 추궁   지적/비판/호통   인간적 +
'진리'를 가르치는 공정한 교사

내면의 비판자와 나

나만이 진실을 안다는
절대주의   "마땅히 이루어져야 하는
방식"에 집중   현실 수용

언덕에서 공중제비로 내려오고 유치한 원반던지기 대회에 참여하며 하던 일을 멈추라. 즐거운 시간을 보내고 느긋하게 행동하라. 평소답지 않은 행동을 통해 통합 방향인 7번 공간으로 들어가라.

깨달음

1번 유형은 에니어그램을 탐구하는 과정에서 완벽함에 대한 자신의 기준이 비현실적이고 실현 불가능하지만 그럼에도 자신이 사랑받을 수 있는 존재라는 사실을 반드시 깨달아야 한다. 다른 유형과 마찬가지로 1번 유형의 깨달음은 수월하게 이루어질 수도 힘겹게 이루어질 수도 있다. 자기 자신과 타인 그리고 세상에 대한 원망이 너무 커져서 한계점에 이를 때 깨달음을 얻기도 한다. 깨달음은 당신이 오랫동안 이상을 고집하고 융통성 없게 살다가도 이루어질 수 있다. 깨달음은 당신의 기준에 맞지 않는 사람과 서서히 그리고 무심결에 멀어지는 형태로도 다가온다. 아니면 당신이 자신의 완성도에 만족하고 내면의 비판자를 있는 그대로 인식하는 법을 터득함에 따라 내면과 주위의 혼돈을 받아들이는 어려운 선택을 할 때도 다가올 수 있다.

이러한 변화는 어렵고 패러다임의 전환을 필요로 하게 마련이다. 우리가 큰 변화를 겪은 사람들의 사례를 '깨달음'이라고 표현하는 이유도 그런 까닭에서다. 1번 유형은 자신이 '좋은' 사람이어서가 아니라 있는 그대로도 사랑받을 수 있다는 것을 듣고 보고 느끼고 믿어야 한다. 실수를 저질러도 무방하다. 실수하지 않는 인간은 없다. 당신의 기대치에 부합할 정도로 완벽해지라고 요구하는 사람은 없다. 1번 유형은 스스로 생각한 것보다 여유로울 수 있다는 점을 깨달아야 한다. 그러한 깨달음을 얻으면 자기 자신과 주위 사람에게 여유를 갖고 대할 수 있게 된다. 사소한 일에서 여유를 찾는 방법을 터득할수록 당신은 진정한 성장과 다른 사람과의 연대를 가로막는 성향에서 자유로워지는 법을 배울 수 있을 것이다.

2번 유형

도와주는 사람
퍼주는 사람
돌보는 사람

에니어그램 2번 유형은 도와주는 사람, 퍼주는 사람, 돌보는 사람 등으로 불린다. 이들은 사려 깊고 유쾌하며 다가가기 쉽고 친절하며 지혜롭고 봉사정신이 있는 사람들이다. 2번 유형은 주위 사람이 필요로 하는 것을 꿰뚫어보는 능력이 있으며 그러한 요구에 직접 부응하는 능력도 다른 유형보다 한층 더 뛰어나다. 이들은 다른 사람의 삶에 일익을 담당하는 것을 좋아하며 훌륭한 친구가 되며 남의 말을 잘 들어주고 대체로 자기와 가까운 사람들의 특성을 정확하게 파악하는 편이다. 2번 유형은 다른 사람이 하고자 하는 일을 성취하는 데 도움을 주는 성향이 있으므로 좋은 동료, 보조, 부사령관이 된다.

2번 유형은 너그럽고 이타적인 사람으로 비춰지는 편이지만 내면에 은밀한 기대와 동기를 감추고 있으며 남들은 이 사실을 알지 못한다. 2번 유형은 내면적으로 자기 인식이 부족한 편이다.

2번 유형의 세계

세상에 2번 유형만이 존재한다면 세상은 한층 더 평화롭고 우호적이며 인정이 넘치지만 복잡한 모순으로 가득한 곳이 될 것이다. 모두가 관심과 사랑을 받을 수 있기 때문에 이 세상의 외로움도 덜해질 것이며, 모든 필요가 충족될 것이다. 반면에 한계를 정해둔 사람이 없기 때문에 혼돈이 펼쳐질 것이다. 사람들은 남들이 어떻게 지내는지 신경 쓰고 모두가 경쟁하듯이 남들보다 더 많은 사랑을 베풀지만 스스로를 돌보지 않을 것이다. 모든 사람이 남을 돕고 싶은 욕구와 지도자 역할을 해야 한다는 욕구 사이에서 갈팡질팡하기 때문에 완성되는 일이 없을 것이다. 세상은 남들 이야기만 들어주고 자기 이야기는 할 곳이 없어 잔뜩 지친 사람들과 보살핌을 받으면서도 방치되었다는 기분을 느끼는 사람들로 가득할 것이다.

동기 부여 요소

2번 유형은 특정 상황에서 자기가 좋아하는 사람들을 도와야 한다거나 필요한 존재가 되어야 한다는 강박에 시달린다. 누군가에게 심부름을 해주거나 말을 들어줄 사람이 필요할 때 2번 유형은 그 기대에 부응하는 것이 자신의 의무라고 생각한다.

이러한 강박은 사소한 일에서는 2번 유형 각각에 따라 다르게 조금씩 나타나지만 삶의 중요한 문제에 있어서는 한층 더 두드러지게 나타난다. 2번 유형은 언제든 하던 일을 중단하고 남들의 요청에 부응하는 든든한 친구가 되기 위해, 위급한 상황에서 상사에게 아이디어를 제시하고 실행에 옮기는 믿음직한 직원이 되기 위해, 상대가 밝히기도 전에 그 요구를 알아차리고 예측하는 긴밀한 동반자가 되기 위해 열심히 일한다. 2번 유형은 대부분 중요한 상황에서 반드시 필요한 존재로 인정받는 능력이 있다.

그림자 측면

다른 유형과 마찬가지로 2번 유형의 강박은 뿌리 깊은 욕구에서 비롯된다. 자신이 이미 그 자체로 사랑받고 인정받는 존재라고 믿기보다 필요한 존재가 되는 편을 택한다. 어느 상황에서든 필요한 존재가 되는 것이 사랑을 얻고 자신의 가치를 확신할 수 있는 방법이라고 생각하는 것이다.

어떤 사람들은 2번 유형의 이러한 동기가 어린 시절에 방치되거나 남을 돌보도록 강요당하면서 얻은 상처에서 비롯된다고 본다. 또는 이것이 2번 유형의 타고난 성향이라고 보는 사람들도 있다. 어떻든 이러한 성향은 2번 유형에 뿌리 깊이 박혀 있기 때문에 스스로도 자기 행위 이면의 내적인 동기를 전혀 알아차리지 못한다.

자부심은 2번 유형에게 그림자 측면의 근원이 된다. 사람들은 자부심이 2번 유형의 행동에 그토록 큰 영향을 준다는 것을 알면 깜짝 놀라곤 한다. 겉으로 보기에 2번 유형은 다른 사람에게 집중하며 자기 욕구와 욕망을 등한시하고 남들에게 아낌없고 너그러이 베푸는 것으로 보이기 때문이다. 그러나 조금만 내면으로 파고 들어가 보면 2번 유형이 공짜로 베푸는 것이 아님을 알 수 있다. 남들을 위한 행동에는 항상 조건이 따른다. 다만 이들이 원하는 대가는 인정, 이미지 개선, 고맙다는 말처럼 대단치 않은 것이기는 하다.

2번 유형은 자신이 남들에게 기대하는 바를 깨닫지 못할 때가 많지만 이들이 강박적으로 돕고 베풀며 봉사하는 이면에 개인적인 이익에 대한 기대감이 있다는 사실은 변치 않는다. 이들은 알려지고 인정받고 싶어 하며 자신이 베푸는 만큼 아낌없이 받고 싶어 한다. 자기가 말하지 않아도 남들이 자신의 욕구와 요구를 알아차리기를 바란다. 그 누구보다도 믿음직하고 충실하며 희생적인 사람으로 알려지기를 원하는 것이다.

2번 유형이 자부심을 추진력으로 삼는다는 점을 믿기 어렵다면 그들이 매번 자기에게 조언, 도움, 물질적인 호의를 구하러 오는 사람에게 이골을 내다가도 그 사람이 다른 이에게 비슷한 도움을 구하려고 할 때 어떤 반응을 보이는지 살펴보라. 2번 유형은 습관적으로 사랑하는 사람의 요구에 실제로 부응하는 일보다는 그러한 요구를 충족해줄 수 있는 사람이 되는 일에 더 큰 주의를 기울인다.

2번 유형의 통합과 분열

2번 유형은 단기간이든 장기간이든 스트레스를 받으면 8번 유형과 비슷한 특성을 보인다. 이들은 비협조적이며 좀 더 직설적이고 억압적으로 변한다. 덜 정중해지고 한층 더 공격적이고 성급하게 변하며 남들과의 관계를 끊는 데도 거침이 없어진다. 또한 남들에게 도움을 주는 성향이 타인에 대한 적대감으로 변하기도 한다. 일을 잘해내지 못할 때 걸리적거리는 사

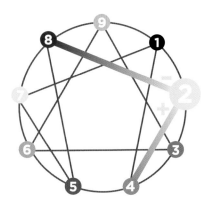

람을 무자비하게 깔아뭉개고 그것이 정당하다고 생각한다. 뒤에 물러나 있기보다 자기가 주도하려 든다. 중요한 점은 2번 유형이 스트레스 상황에서 8번 유형에 가까워지는 것을 너무 부정적으로 볼 필요는 없다는 사실이다. 스트레스가 반드시 나쁜 일로 이어지는 것만은 아니기 때문이다. 예를 들어 2번 유형은 어떤 프로젝트나 행사 때문에 시간의 압박에 시달릴 때는 무조건 남들을 도와야 한다는 의무감을 버리고 상황을 지휘하고 자기주장을 펼쳐 남들을 통솔한다. 2번 유형은 다른 유형과 마찬가지로 스트레스 상황에서 남들에게 유익한 방식으로 대응할지, 자기에게만 유리한 방식으로 대응할지 선택한다.

경고 신호

수동적인 공격성	부정적인 혼잣말	시비 걸기	억울한 마음
까다로운 요구	호전성	결핍/배회	교묘한 조종/통제

건강한 상태의 2번 유형은 4번 유형과 비슷한 특성을 보인다. 2번 유형에게 성장의 징후는 외부로 향한 관심을 모두 모아 자신의 내면으로 쏟고 자기 자신에게 집중할 수 있게 되는 것이다. 통합 상태에서 2번 유형은 부정적인 것이든 불쾌한 것이든 자신의 기분, 욕구, 욕망을 깨닫고 있는 그대로 표현할 수 있다. 이때 이들은 자신에게 불리한 면모를 드러내는 일을 두려워하지 않는다. 건강한 2번 유형은 자신의 나약함을 받아들이고 남들에게 '궁핍'하게 비춰지는 일도 무릅쓴다. 이들은 스스로와 마주하고 자신의 감정을 직시할 수 있으며 무슨 일을 하든 그 일을 하는 이유를 정확하게 깨닫는다. 2번 유형은 이러한 깨달음 속에서 살 때 자기 자신에 대한 확신에 힘입어 베풀고 사랑하며 봉사할 수 있다. 이때 이들이 베푸는 행위는 인정받기 위한 수단이 아니며 진정으로 아낌없이 너그럽게 베풀고 남들을 있는 그대로 사랑할 수 있게 된다.

2번 유형에게는 자신의 욕망과 욕구에 주의를 기울여야 성장의 길로 나아갈 수 있다는 사실이 충격적으로 느껴질 수도 있다. 2번 유형은 그 같은 행동을 이기적이라 생각하기 때문이다. 그러나 2번 유형이 명심해야 할 사실이 있다. 당신이 남들과 맺는 관계는 모두 당신의 영향을 받는다. 그러므로 당신 자신을 이해하고 돌보는 것이 당신이 알고 사랑하는 사람들에게도 이로울 것이다.

2번 유형 심층 탐구

에니어 사전: 알아두면 유용한 2번 유형의 언어

➤ **사회적 온도**Social Temperature: 2번 유형은 지속적으로 사회적 온도와 바람의 방향을 측정한다. 자신에 대한 남들의 생각과 반응에서 정체성을 찾기 때문이다.

➤ **순교자**Martyr: 2번 유형은 다른 사람의 요구, 감정, 욕망을 그 어떤 유형보다도 더 정확히 파악하고 예측하므로 주위 사람들을 아주 잘 돌볼 수 있다. 그러나 2번 유형은 남들도 자신을 똑같은 방식으로 대해주기를 기대하는데 그러한 기대를 입밖에 내지는 않는다. 그러므로 자신을 순교자로 생각하며 자기에게 '신경도 안 쓰고 관심도 없는' 사람들에게 필요한 일을 하기 위해 수고를 아끼지 않는다는 말을 자주 한다.

➤ **구세주 콤플렉스**Savior Complex: 2번 유형만큼 구조 요청에 짜릿함을 느끼는 유형은 없다. 2번 유형은 다른 사람에게 반드시 필요한 존재가 되는 것을 낙으로 삼으며 남들의 생존에 자기가 필요하다는 착각에 빠지기 쉽다. 2번 유형은 남들이 필요로 하는 구세주가 되기 위해 그 어떤 수고도 아끼지 않으며 그에 상응하는 인정을 받기를 기대한다.

하위 유형

➤ **자기 보존 본능(SP)의 2번 유형**: SP 2번 유형은 다른 하위 유형에 비해 배후에서 일하는 경향이 있다. 이들은 소소하고 실용적인 세부사항에 초점을 맞추며 그러한 방식을 통해 남들에게 봉사를 제공한다. SP 2번 유형은 충분히 휴식하고 제대로 먹고 잘 가꾸는 일에 세심한 주의를 기울인다. 자신이 사랑하는 사람과 물리적으로 가까운 거리에 있는 것을 매우 중시한다. 이들은 역유형이므로 다른 하위 유형보다 사회적으로 자기주장이 덜하며 나서는 것을 주저하고 좀 더 움츠러드는 경향이 있다. SP 본능 때문에 에너지와 자원을 보존하는 일에 집중할 뿐만 아니라 다른 하위 유형에 비해 방종한 편이다.

➤ **성적 본능(SX)의 2번 유형**: 9가지 유형의 SX 모두 탄탄하고 긴밀한 관계를 구축함으로써 자신의 안전을 확보한다. 그 중에서도 SX 2번 유형은 마음에 드는 사람에게 매력을 발휘하고 너그럽게 대하며 세심하게 신경 쓰는 등 비상한

노력을 기울여 관계를 맺는다. 이들은 멋진 제스처를 취하며 상대방의 욕구를 파악하는 일에 최선을 다한다. 또한 남들의 마음을 얻기 위해 사회적으로 엄청난 관심을 쏟는다. SX 2번 유형은 열정적이고 꾸준하며 적응력이 뛰어나다. 2번 유형은 모두 경계라는 개념을 받아들이기 어려워하지만 특히 SX 2번 유형은 안 된다는 대답을 받아들이지 못하며 자신이 관심을 기울이는 것이 남들에게 부담을 줄 수도 있다는 사실을 웬만하면 인정하지 못한다.

➤ **사회적 본능(SO)의 2번 유형**: SO 2번 유형은 2번의 다른 하위 유형에 비해 지위나 영향력에 자연스레 끌리는 경향이 있다. 이들은 주위에 복잡한 사회적 인맥을 형성하는 일에 능숙하며 그렇다고 해서 언제나 주인공이 되려고 하지는 않는다. 그러나 자기에게 중요한 조치나 일에 관여하는 기회를 놓치지 않는다. SO 2번 유형에게는 광범위하고 다양한 인맥을 확보하는 것이 매우 중요한 일이다. 이들은 어디를 가든 자기와 아는 사람들과 마주치는 것을 즐기며 다른 사람의 요구와 욕망에 대한 정보를 활용하여 관계를 돈독히 한다. 이처럼 폭넓은 인맥 형성은 일종의 과잉 보상으로 자신이 그 자체로는 사랑받지 못할지도 모른다는 두려움을 상쇄하기 위한 수단이다.

날개

1번 날개가 있는 2번 유형(2w1)은 의존적인 두 가지 유형의 결합체이므로 2w3처럼 세상을 깜짝 놀라게 할 가능성이 적다. 이들은 자기 의무에 충실하고 규칙을 지향하며 객관적이고 2w3과 달리 은밀하게 봉사할 가능성이 크다. 스스로를 순교자로 보는 2번 성향에

1번 유형의 높은 도덕 기준과 결합되어 2w1은 유달리 원망이 심하고 사사건건 평가하는 경향이 있다.

3번 날개가 있는 2번 유형(2w3)은 가슴 중심 유형에 속하는 두 가지 유형의 결합체인 만큼 자기 이미지를 훨씬 더 민감하게 의식하며 사회적 규칙을 꿰뚫고 있다. 이들은 사회에서 자기주장이 강하며 유능하고 매력적이며 겉보기에 자신감이 있다. 2w1에 비해 경쟁심이 강할 뿐만 아니라 비판을 쉽사리 받아들이지 못한다.

중심 유형

2번 유형은 3번, 4번 유형과 더불어 가슴 중심 유형에 속한다. 정서의 중추인 가슴을 통해 정보를 받아들인다는 뜻이다. 그 사실을 의식하고 있든 아니든 2번 유형은 무엇이든 접할 때마다 곧바로 정서적인 반응을 보인다. 이러한 경향이 있다고 해서 2번 유형이 비판적인 생각이나 단호한 행동을 할 능력이 없는 것은 아니지만 이 두 가지가 2번 유형의 특징이 아닌 것은 분명하다.

2번 유형의 경우에는 그 상황에서 필요한 것을 충족할 수 있는 방법을 계속해서 파악하고 사람들이 좋아하든 말든 감정을 충분히 쏟아붓는다. 이들은 자신이 기대했던 인정을 받지 못하면 좌절감을 표출한다. 수치심은 가슴 중심 유형에 속하는 3가지 유형의 추진력이다. 특히 2번 유형은 자신의 유용성을 입증할 수 있는 일을 가리지 않고 함으로써 쓸모없는 인간이 되는 것에 대한 두려움을 과도하게 보상하려 한다. 가슴 중심 유형은 모두 바람직하든 그렇지 않든 남들과의 관계 속에서 자신을 경험한다.

성향

2번 유형은 1번, 6번 유형과 마찬가지로 의존 성향에 속한다. 3가지 유형 모두 다른 사람 위주일 뿐만 아니라 남들에게 의존한다. 이들은 모두 자아 정체성을 외부에서 찾는다. 의존 성향에 속하는 유형은 생산적이라기보다 본능적으로 느끼고 행동한다. 따라서 이들은 '생각이 억눌린' 유형으로 불리기도 한다. 남들 위주로 살기 때문에 주위 사람의 의견 없이 자기 스스로 생각하는 것이 쉽지 않다. 2번 유형의 경우 의존 성향 때문에 남들의 삶에서 담당하는 역할을 통해 자기 정체성을 찾는다. 이들은 자율성을 찾으려 하기보다 주위와의 관계에서 생기는 공백을 메우는 일에 매달리므로 뚜렷한 자아 정체성을 찾기가 어려울 수 있다.

잃어버린 고리들

다음은 2번 유형의 '잃어버린 고리들'이다.

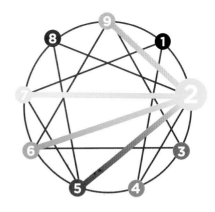

- ➤ **2번과 5번**: 두 유형은 그다지 공통점이 없다. 2번 유형은 강박적으로 베푸는 반면 5번 유형은 강박적으로 취한다. 그러나 두 유형 모두 정말로 취약한 상태에 있을 때 남들에게 도움을 청하지 못하는 경향이 있다. 두 유형 모두 남들에게 의존해야만 하는 상황을 힘들어한다.

- ➤ **2번과 6번**: 2번과 6번 유형 둘 다 비슷한 방식으로 행동한다. 이들은 남들을 깊이 사랑하고 자기 사람을 위해서라면 무슨 일이든 가리지 않는다. 비밀을 말해도 지켜줄 사람들이며 늘 가까이에 있다. 이들은 주위에 사람이 있는 것을 좋아하며 둘 다 든든한 인맥을 구축하는 일에 관심이 많다. 두 유형 모두 남들을 보살피며 대변한다.

- ➤ **2번과 7번**: 두 유형 모두 세상에 활짝 열려 있다. 이들은 다소 어린이와 같은 방식으로 행동한다. 7번 유형은 어린이처럼 즐거워하고 민첩하며, 2번 유형은 어린이처럼 관계에 의존하는 경향이 있다. 두 유형 모두 무엇인가를 놓칠지도 모른다는 두려움에 시달리며 자기에게 유익한 사회적 경험을 취사선택하는 일에 능숙하다.

- ➤ **2번과 9번**: 두 유형 모두 헌신적이다. 9번 유형은 평화를 유지하기 위해 (또한 혼자 있기 위해) 주위에 동화되며 사리사욕 없이 헌신한다. 2번 유형은 좀 더 지배적인 사람 뒤에 숨어서 관계의 가치를 찾는다. 두 유형 모두 공감 능력이 뛰어나며 관대하고 남들에게 봉사하는 성향이다. 또한 남들의 요구를 잘 거절하지 못한다.

2번 유형을 사랑한다면

당신이 사랑한 사람 중에 적어도 한 명쯤은 2번 유형이 있었을 가능성이 있다. 에니어그램을 처음 접하는 사람에게는 2번 유형의 표면 아래에 있는 모습이 매우 놀랍게 느껴질 것이다. 에니어그램의 경이로운 측면 중 하나는 다른 사람을 좀 더 제대로 사랑하는 방법을 알려준다는 점이다. 다음은 2번 유형을 제대로 사랑하기 위해 염두에 두어야 할 다섯 가지 사항이다.

➤ **그들이 우선순위임을 확실히 밝히라.** 2번 유형은 다른 사람의 우선순위를 정하고 남들에게 사랑받고 보살핌을 받는다는 느낌을 주거나 중요한 사람이라는 생각을 심어주는 일에 능숙하다. 이들에게는 자기가 남들에게 하는 만큼 자기를 신경 써주는 사람이 없다는 생각이 내재되어 있다. 2번 유형은 자신에게 합당하지 않다고 생각되는 남들의 친절에 어쩔 줄 몰라 할 때가 많지만 그럼에도 이들에게 친절한 태도를 보이는 것은 반드시 필요한 일이다. 그들에게 같이 어울리자고 요청해보라. 그리고 그들이 좋아하는 일을 하라. 그들을 만나서 그들의 관심사에 대해 대화하거나 생일파티를 열어주는 식의 노력을 할 필요가 있다. 다른 사람들도 그러한 방식으로 사랑할 수 있으며 그러한 사랑을 받아들여도 좋다는 사실을 일깨워주기에 적합한 방법이다.

➤ **그들에게 고마움을 표시하거나 칭찬을 할 때는 구체적으로 표현하라.** 2번 유형 상당수가 자신이 소홀한 취급을 받는다고 느끼며 남들이 자기가 하는 일에 관심을 보이거나 인정하지 않을지도 모른다는 두려움을 품는다. "고마워!"나 "잘했어!" 같은 말도 나쁘지는 않지만 그런 애매한 말로는 2번 유형에게 당신이 자기를 알아준다거나 인정한다는 느낌을 줄 수 없다. 2번 유형은 누가 알아주기를 바란다. 그러므로 그들에게 긍정적인 피드백을 명확하고 구체적으로 전달하라.

➤ **"너와 상관없는 일이야."** 2번 유형의 가장 큰 단점은 지나친 자부심임을 명심해야 한다. 2번 유형은 친구가 다른 사람에게 도움이나 조언을 부탁하거나 문제나 어려운 상황을 스스로 해결해버리거나 어떤 방식으로든 자기를 그 과정에 동참시키지 않으면 기분 나빠하는 편이다. 2번 유형에게는 어떤 결정이나 상황에 대해 항상 그들과 먼저 상의할 수만은 없다는 사실을 일깨워줄 필요가 있다. 이

말은 2번 유형에게 기분 나쁘게 들릴 수도 있다. 그러나 그들과 나란히 앉아 그 사실을 부드럽게 일깨워주는 것은 2번 유형이 해로운 강박을 떨쳐내는 데 도움을 줄 수 있다.

➤ **2번 유형이 한계를 깨닫도록 도와주라.** 2번 유형은 한계를 모르는 사람처럼 사는 경향이 있다. 이들은 자신이 모든 일을 도울 수 있다고 생각하며 누가 부탁하면 거절하는 법이 없다. 또한 주변 사람에게 시간을 내주며 필요한 일을 무엇이든 한다. 2번 유형이 능력의 한계를 받아들이기는 쉽지 않다. 이들이 자기 한계를 깨달으려면 도움이 필요하다. 그러므로 그들이 부탁하지 않더라도 당신이 나서서 확실한 도움을 제공해야 한다. 이들이 여유를 찾으려면 누군가 옆에서 끊임없이 잔소리를 해야 한다. 2번 유형이 자기 한계를 건강한 방식으로 깨닫는 것은 스스로에게나 사랑하는 사람에게나 매우 유익한 일이다.

2번 유형은 당신이 자기에게 높은 우선순위를 매기고 너그럽게 대해주기를 바랄 뿐만 아니라 이의를 제기하기를 바란다. 또한 자기가 신경 쓰지 않는 일에 당신이 신경 써주기를 기대한다.

2번 유형을 위한 조언

내면에 품은 거짓을 떨쳐내라

자신에 대한 거짓된 믿음을 하나씩 살펴보다 보면 각각의 거짓에 진실로 반박할 수 있다는 점을 깨닫게 된다. 그러한 진실은 우리가 살면서 주위에 쌓아놓은 벽에서 벗어나는 데 도움을 줄 것이다. 우리는 그 같은 진실을 스스로에게 여러 차례 들려주어야 한다.

➤ **거짓: 곤궁하거나 결핍이 있는 것은 좋은 일이 아니다.** ✓ 진실: 누구나 결핍이 있으며 결핍이 있는 것은 아무 문제가 아니다. 결핍이 있어야 인간이다. 다른 사람들도 마찬가지다. 결핍이 있을 때 남들에게서 사랑과 도움을 받을 수 있는 멋진 기회도 찾아온다.

➤ **거짓: 나는 남들이 필요로 할 때만 가치가 있다.** ✓ 진실: 어떤 경우에든 당신은 가치 있다. 그 사실은 무엇으로도 바뀌지 않는다.

➤ **거짓: 나는 남들을 행복하게 할 때만 행복해질 수 있다.** ✓ 진실: 남들이 당신을 행복하게 만드는 것도 더할 나위 없이 좋은 일이다.

➤ **거짓: 사랑이 충분하면 누구라도 구할 수 있다.** ✓ 진실: 당신은 다른 사람을 구하려고 태어난 것이 아니며 구할 수도 없다. 그래도 괜찮다. 그럼에도 당신은 남들을 진심으로 사랑할 수 있다.

➤ **거짓: 나는 있는 그대로는 남들의 사랑을 받지 못한다.** ✓ 진실: 당신은 다른 조건 없이 그 자체로서 사랑받는다.

파급 효과

당신의 행위와 성향은 스스로뿐만 아니라 많은 사람에게 영향을 준다. 그러므로 당신이 그러한 영향에 관심을 기울일 때 다른 사람에게도 더 큰 도움을 줄 수 있다.

➤ 당신이 도움을 줄 입장이 아닌데 도움을 제공하거나 굳이 당신의 도움이 필요하지도 않은 상황에 개입할 때 다른 사람이 답답해하고 부담스러워할 수 있다는 점을 명심하라. 게다가 무례하다고 생각하거나 짜증을 낼 수도 있으며 자기 뜻을 무시했다고 느낄 수도 있다. 당신의 의도가 이기적이지 않다 하더라도 그 같은 행동은 당신이 상대방의 의사결정 능력을 신뢰하지 못하며 자신만이 필요한 해결책을 전달할 수 있다고 믿는 듯한 인상을 전달한다. 이러한 상황은 당신에게나 남에게나 도움이 되지 않는다.

➤ 당신에게 한계가 있다는 점을 기억하라. 자신의 결핍이나 능력을 인식하지 않은 채로 무작정 베풀 수 있다고 생각하면 베푸는 것의 수준이 떨어지게 마련이다. 게다가 대개는 남들도 그 사실을 알아차린다. 주위의 소중한 사람들에게 허덕거리는 모습을 보여주는 것도 바람직하지 않다. 당신이 한계를 인정하지 않으면 모두가 괴로워진다.

➤ 자신의 욕구나 감정에 주의를 기울이지 않으면 결국에는 화가 쌓일 대로 쌓여 앞서 알아본 바와 같이 자신이 순교자가 된 듯한 분노에 휩싸이게 된다. 그렇게 되면 당신이 아끼는 사람들에게도 피해가 간다.

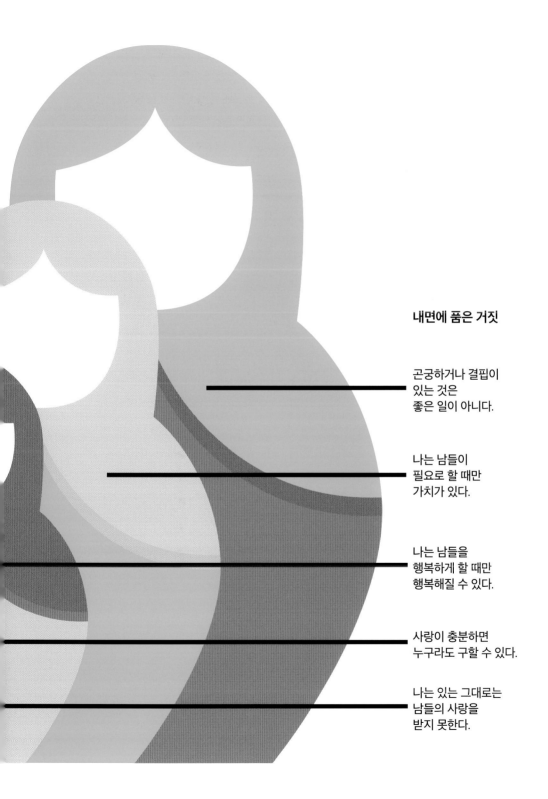

내면에 품은 거짓

곤궁하거나 결핍이
있는 것은
좋은 일이 아니다.

나는 남들이
필요로 할 때만
가치가 있다.

나는 남들을
행복하게 할 때만
행복해질 수 있다.

사랑이 충분하면
누구라도 구할 수 있다.

나는 있는 그대로는
남들의 사랑을
받지 못한다.

2번 유형은 무의식적으로 주위 사람들에 대해 매우 높은 기대치를 세운다. 무의식적이라는 말은 그러한 기대를 표현하지 않는다는 뜻이기도 하다. 다른 사람의 관점에서는 당신이 늘 베풀고 보살피며 봉사하다가 갑자기 돌변하여 전에 없이 충족되지 못한 기대를 드러내는 것으로 보인다. 자신의 정서적인 결핍과 욕구를 무시하면 대가가 따르게 마련이다.

건강한 습관

➤ **환대.** 집에 사람을 초대하든 아니든 당신은 어디를 가나 남들을 환대하는 분위기를 만들어낸다. 2번 유형은 선천적으로 다른 사람의 요구에 부응하며 거기에 집중하는 경향이 있다. 따라서 집이나 동네, 직장과 공동체에서 다른 사람들을 위한 공간을 마련해두는 것은 이들에게 유익하고 자연스러운 행동이다. 이때 중요한 점은 겸허한 태도를 지니는 것이다. 어떠한 기대 없이 다른 사람을 가장 바람직하고 진심으로 환대하는 방법을 찾으라는 뜻이다.

➤ **고독.** 2번 유형은 무슨 일을 하든 타인 위주이며, 다른 사람과의 관계라는 맥락을 벗어나면 자신의 정체성이나 목표가 무엇인지 깨닫는 데 어려움을 느낀다. 고독은 당신에게 남들을 위해 아무것도 할 필요 없이 그냥 있는 법을 깨우쳐 줄 것이다.

➤ **일지 작성.** 2번 유형은 자기만의 깊은 생각과 감정과 멀어지는 경향이 있으며 생각과 감정에 다시 접근하려면 의식적인 노력을 기울여야 한다. 일지 작성은 2번 유형이 생각, 두려움, 기쁨, 좌절, 희망, 욕구를 외면화하는 데 도움을 준다. 일지를 작성하면 공허감을 메우기 위해 남들의 인정을 갈구하기보다 내면에서 벌어지는 모든 일들을 확인하고 내 것으로 만들며 직시할 수 있는 공간이 생긴다.

2번 유형의 자기 관리

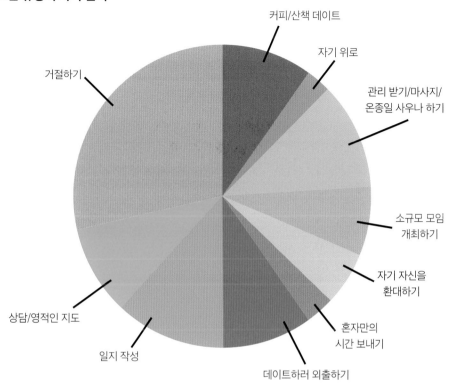

커피/산책 데이트

자기 위로

관리 받기/마사지/
온종일 사우나 하기

소규모 모임
개최하기

자기 자신을
환대하기

혼자만의
시간 보내기

데이트하러 외출하기

일지 작성

상담/영적인 지도

거절하기

자기 점검

몸

과식/
공격성의 신체 증상 발현

남들을 위하느라 지친 자아

봉사 지향적/
자기 관리에 초점

머리

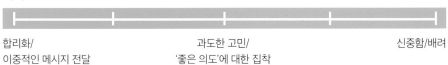

합리화/
이중적인 메시지 전달

과도한 고민/
'좋은 의도'에 대한 집착

신중함/배려

가슴

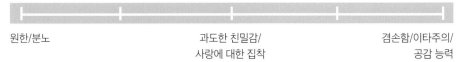

원한/분노

과도한 친밀감/
사랑에 대한 집착

겸손함/이타주의/
공감 능력

자아

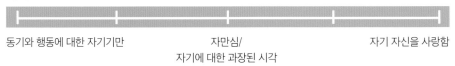

동기와 행동에 대한 자기기만

자만심/
자기에 대한 과장된 시각

자기 자신을 사랑함

타인

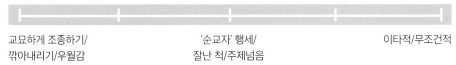

교묘하게 조종하기/
깎아내리기/우월감

'순교자' 행세/
잘난 척/주제넘음

이타적/무조건적

"어떻게 지내?"라고 질문할 때

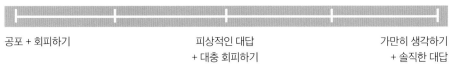

공포 + 회피하기

피상적인 대답
+ 대충 회피하기

가만히 생각하기
+ 솔직한 대답

깨달음

2번 유형의 깨달음은 사람에 따라 다르지만 중요한 점은 당신이 언제까지나 늘 하던 대로 무한정 봉사하고 퍼주며 돌봐주고 시간을 낼 수는 없다는 사실이다. 그 같은 깨달음이 주위의 사람과 멀어지고 목표나 자아 정체성을 끌어낼 사람이 주위에 없을 때 이루어지면 소외처럼 느껴질 수도 있다. 당신의 처지가 순전히 타인의 자비나 아량에 달린 듯하고 영향력을 행사할 수 없으며 아무런 대가도 얻을 수 없는 듯 보일 수도 있다. 어쩌면 이러한 일은 과거에 정체성을 찾기 위해 사용했던 수단에 더 이상 의존할 수 없는 상태에서 자신이 누구인지 알아내는 하나의 방식일 수도 있다. 이 같은 깨달음을 얻으면 당신은 한층 더 건강해지고 더 뛰어난 자각 능력을 갖추며 전보다 훨씬 더 통합된 인간이 될 것이다.

다른 유형과 마찬가지로 2번 유형도 반드시 깨달음이 있어야 교훈을 얻을 수 있는 것은 아니다. 사람은 누구나 쉬운 지름길로 향하느냐, 아니면 길고 도전적인 길로 가느냐 하는 선택의 기로에 선다. 다행히도 당신에게는 날마다 더 평탄한 길을 선택할 기회가 찾아온다. 그렇다고 해서 그 길을 걷는 것이 어렵지 않다는 말은 아니다. 속도를 늦추고 무한정 퍼주는 것을 중단하는 것에도 노력이 필요하기 때문이다. 자신의 깊은 내면에 관심을 쏟는 데도 노력이 필요하다. 또한 교만하거나 음흉한 내면을 직시하는 일에도 용기와 겸손한 태도가 필요하다. 습관화되어 굳어버린 자아에 맞서는 일은 언제나 만만치 않다. 그러나 그 길에서 당신은 자유를 찾게 될 것이다.

성취하는 사람
실행하는 사람
동기 부여자

에니어그램 3번 유형은 성취하는 사람이다. 이들은 근면하고 주관이 강하며 과제 지향적이고 야망이 크다. 게다가 매력적이며 지혜롭고 적응력이 뛰어나며 유능한 사람들이다. 3번 유형은 어떤 장소에 들어설 때 자기가 잘 보여야 할 사람을 파악해내는 능력이 뛰어날 뿐만 아니라 잘 보이는 방법도 정확히 알고 있다. 이처럼 초인적인 능력을 갖고 있는 덕분에 직장, 인간관계, 조직 환경에서 온갖 역할을 제대로 수행해낸다. 이들은 자신이 성공에 도달하는 길을 알 뿐 아니라 다른 사람이 목표 도달에 성공하는 방법까지 코칭하는 능력이 있다. 3번 유형은 해야 할 일의 목록과 측정 가능한 성과가 보이는 상황에서 승승장구한다.

3번 유형 대부분이 강인하고 유능하며 자신감 있는 사람이라는 인상을 주지만 대체로 그러한 이미지는 스스로의 가치, 힘, 능력에 대한 의심과 불안을 회피하기 위해 이들이 내세우는 방어 기제일 뿐이다. 3번 유형은 다양한 상황에 맞는 갖가지 가면을 손쉽게 바꿔 쓸 수 있다. 이것이 유용한 능력임은 분명하다. 그러나 3번 유형은 가면 뒤의 실제 모습을 세상에 공개하기 싫거나 그 모든 가면을 벗은 자기 자신이 낯설기 때문에 가면을 쓸 때가 많다.

3번 유형의 세계

3번 유형만이 존재한다면 세상은 체계적이고 능률적이며 생산적인 곳이 될 것이다. 사람들은 단호하고 직설적이며 의사결정 과정에서 감정에 휘둘리지 않을 것이다. 무슨 일이든 확실하게 완수될 것이다. 그러나 성공하는 사람이 너무 많아지기 때문에 성공 자체는 가치를 잃을 것이다. 모두가 두각을 드러내려고 지나치게 분투하다 보면 혼란이 발생하고, 사람들은 정서적 건강, 다른 사람, 공공의 이익보다 생산성을 선택할 것이다.

동기 부여 요소

3번 유형은 성공과 생산성에 대한 강박이 있다. 어떤 상황이든 성공할 가능성이 있는 과제로 전환하는 능력이 있다. 이들은 학교, 직장, 공동체에서 성공하는 비법과 불문율을 꿰뚫고 있다. 사회적 만남에서 얻은 아주 사소한 정보까지도 활용하고 다른 사람이 성공하고 실패하는 일들을 무의식 속에 저장한다. 3번 유형은 가장 영향력 있는 사람에 관심을 기울이며, 그 사람이 하는 일 가운데 무엇이 긍정적인 반응과 부정적인 반응을 얻는지에 주목한다. 이들은 에너지가 유달리 충만해 보이는 집단에 초점을 맞추고 무엇이 그러한 에너지를 만들어내는지를 관찰한다. 3번 유형은 그 같은 사회적 역학 관계를 판별해내는 능력이 비상하다. 덕분에 이들은 특정 공간이나 대화에서 어떤 식으로 두각을 드러낼지 다양한 선택지를 찾아낼 수 있다. 이러한 능력은 3번 유형이 달성하고자 하는 일을 할 때 높은 생산성을 발휘하고 좋은 성과를 내는 데도 도움을 준다. 이들은 목표로 한 성과를 이루지 못하더라도 적어도 성과를 낸다는 인상을 전달할 수 있는 사람들이다.

그림자 측면

3번 유형은 사랑과 소속 집단을 찾는 과정에서 자신을 칭찬하는 대상에 안주한다. 이들은 인상적이고 강력하며 재능 있고 성공적이면 사랑받을 가치가 생긴다고 착각한다. 다른 사람의 존경과 찬사를 받는 것이 3번 유형의 생존 전략이며 심한 경우에는 유일한 목표가 되기도 한다.

3번 유형은 재미있고 똑똑하며 유능하고 다재다능하며 매력적이고 특정 상황에 어울리는 사람이 되기 위해 자기도 의식하지 못하는 사이에 많은 에너지를 쏟아붓는다. 심지어 다른 사람의 욕구나 기대에 따라 다양한 정체성으로 스스로를 포장하기 때문에 자신의 실제 모습이 무엇인지 알지 못하는 수준에 이르기도 한다.

3번 유형은 건강하지 못하고 기를 뺏는 악순환과 강박으로 이어지는 몇 가지 함정에 빠지기 쉽다. 결함은 나쁘다는 생각, 항상 '작동' 중이어야 한다는 생각, 남들이 자신을 있는 그대로가 아니라 자신이 하는 일 때문에 사랑한다는 생각, 인생의 유일한 목표는 실천하고 성취하며 사회적 지위를 높이는 것이라는 생각, 자신이 그 모든 가면을 벗으면 보잘것없는 사람이 된다는 생각, 자기가 본질적으로 쓸모없는 인간이라는 생각 등이 그 같은 함정에 포함되며 이외에도 다양하다.

3번 유형은 아동기의 어느 시점에 자신이 '해야 할' 일을 하면 남들이 칭찬해준다는 것을 깨닫는다. 이 같은 인식은 긍정적 강화positive reinforcement 기능을 할 때가 많으며 인생의 어려운 상황에 대처하는 수단으로 작용하기도 한다. 능력 중심의 사회에서 3번 유형은 자신의 유일한 가치가 수행하고 성취하며 기여하는 것에 있다고 생각하기 쉽다. 이러한 인식이 한평생 이어질 때 3번 유형은 성공, 존경, 성취를 추구하고 명백하거나 암묵적인 기대치를 충족하는 삶의 굴레에 얽매이게 된다.

이 모든 함정에서 헤어나지 못하는 것이 3번 유형의 가장 큰 결점이다. 이들의 중요한 생존 전략은 실제 모습과 상관없이 자신의 말이나 남들에게 전달하는 인상을 바꾸는 것이다. 이러한 성향은 제어 불가능한 수준에 이를 수도 있으며 그 결과 3번 유형은 진실을 말하기를 두려워하거나 물질주의에 중독된 상태에 이르기도 하며 이들의 생활방식은 주위 사람이 누구냐에 따라 극과 극으로 바뀌기도 한다. 이 같은 결점은 사소하고도 미묘한 부분에서도 드러난다. 3번 유형은 자신을 좀 더 그럴 듯하게 포장하고 불리한 면모를 가리며, 살아온 삶에서 부끄러운 부분을 편집하여 진실을 감추기 위해 현실을 재구성하는 선천적인(때로 무의식적인) 능력이 있다. 3번 유형은 삶의 불편한 측면을 직시하지 않으려고 스스로를 무의식적으로 기만하는 경향이 있기 때문에 현실의 재구성은 좋지 못한 의도로 이루어질 때가 많다. 3번 유형은 그 순간에 자기에게 가장 유리한 것이 무엇이냐에 따라 자신을 자유자재로 바꿀 수 있다. 이러한 기만은 결함이나 흠을 드러내면 거부당할지도 모른다는 두려움에서 비롯된다. 그렇다고 해서 3번 유형 모두가 병적인 거짓말쟁이라는 뜻은 아니다.

3번 유형의 통합과 분열

3번 유형은 스트레스나 분열을 겪으면 9번 유형의 몇 가지 특징을 보인다. 3번 특유의 결단력과 추진력이 무뎌지고 무기력하고 게으른 상태가 된다. 이러한 변화는 한순간에 일어날 수 있으며 오랫동안 지속된 스트레스와 피로에 대한 대응으로도 나타난다. 이때 3번 유형은 위축되고 타성에 따라 행동하며 매사에 거리를 두고 평소 같은 추진력을 상실하며 갈등이나 큰

변화를 유발할 만한 일들을 하지 않으려 애쓰게 된다. 3번 유형은 성과를 내지 못할 때 많은 장애물과 난관을 발견하며 그로 인해 의욕을 느끼기보다 주눅이 든다. 3번 유형은 남들에게 도움을 주는 식으로 스트레스 상황에 대응하는데 이는 9번 유형의 몇 가지 성향과도 일치한다.

건강한 3번 유형은 6번 유형의 장점을 보인다. 이들은 성취하고 다른 사람의 공감을 사는 능력을 활용하여 집단이나 공동체 전반을 개선하려 한다. 너그럽고 협력적이며 남들의 기분과 복지에 큰 관심을 기울이고 그런 만큼 이용당하기 쉽다. 자신의 이야기를 유리하게 재구성하기보다 진실을 밝히고 알리는 일에 헌신한다. 이들은 거부당하는 것과 쓸모없는 사람으로 취급되는 것이 두렵다는 사실을 용감하게 인정하며 정통성을 추구한다. 건강한 상태의 3번 유형은 자신의 성공과 행복이 주위 사람들의 성공과 행복에 달려 있다고 생각하므로 사사로운 목표나 5개년 계획이 아닌 원대한 대의명분을 위해 사람을 끄는 매력, 성취 능력, 효율성 같은 자신의 최대 강점을 활용한다. 이들은 집단과 공동체를 단합하게 만드는 능력이 있다.

경고 신호

타성에 젖어 살기   안절부절   감정 회피   분노/집중력 저하

극심한 불안감   멍한 행동   위축   바쁜 척하기

3번 유형 심층 탐구

에니어 사전: 알아두면 유용한 3번 유형의 언어

➤ **브랜드화**Branding: 3번 유형은 이미지를 가장 많이 의식하는 유형이며 항상 주위에 보여지는 이미지나 '브랜드'에 신경 쓴다. 3번 유형의 브랜드는 다양한 형태를 띠는 만큼 3번 유형은 전체 유형 가운데 가장 다채로운 모습을 보여준다. 이들의 브랜드는 특정 상황에서 성공적이거나 우수하게 비춰지는 것이 무엇이냐에 따라 결정되며, 3번 유형은 자신이 정한 브랜드에 부합하는 행동을 하기 위해 만전을 기한다.

➤ **사기꾼 증후군**Impostor Syndrome: 이것은 자신의 본 모습이 들통 나는 것에 대한 지속적이고 내면화된 두려움이다. 3번 유형은 자신에게 맡은 역할과 쓰고 있는 가면 이외에는 참된 자아가 없을지도 모른다는 불안에 시달리는데, 내면을 탐구하면서 그처럼 뿌리 깊고도 근거 없는 불안을 극복할 필요가 있다.

➤ **파워 레이더**Power Radar: 3번 유형은 영향력이 가장 막강한 사람이나 집단을 알아보는 능력이 뛰어나다. 마치 초능력에 가까울 정도다. 그뿐만 아니라 그들에게 잘 보이는 방법도 알고 있다. 이처럼 타고난 능력은 3번 유형에게 유리하게 작용한다. 그러나 이러한 능력을 무절제하게 사용하면 노예가 되고 만다.

하위 유형

➤ **자기 보존 본능(SP)의 3번 유형**: SP 3번 유형은 다른 두 하위 유형보다 주목을 회피하는 경향이 있으며 배후에서 일하는 것을 선호한다. 이들은 체계적이고 효율적이며 매우 현실적이다. 일을 끝마치는 것을 크게 중시하고 자신의 노고와 기여를 통해 좋은 평가를 받고 싶어 한다. SP 3번 유형은 칭찬이나 주인공 대접을 바라지 않는다는 식으로 행동하는 편이지만 자기가 한 일에 대해서만큼은 반드시 공로를 인정받아야 한다고 생각한다. 그래서 자신이 어떤 기여를 했는지 은근슬쩍 언급하는 일이 많다. SP 3번 유형은 역유형이다. 3번의 다른 두 하위 유형처럼 자신의 존재감을 분명하게 드러내지 않으며 대체로 초연하고 계산된 방식으로 남들의 동의를 얻는다. 다른 사람의 동의를 받기 위해 과업과 생산성에 의존하는 성향 때문에 SP 3번 유형은 조심하지 않으면 일중독에 빠지기 쉽다.

➤ **성적 본능(SX)의 3번 유형**: SX 3번 유형은 남의 호감을 사는 능력을 한 번에 한 사람에게 집중하여 그 사람에게 매력을 발휘하는 경향이 있다. 이들은 3번의 다른 하위 유형과 마찬가지로 열의 넘치고 경쟁적이며 가는 곳마다 자신의 독특한 분위기로 가득 채우는 능력이 있다. SX 3번 유형은 대부분 인간관계를 인정과 성공의 수단으로 활용한다. 게다가 어떤 분야에서든 성공을 거두고 영향력이 있는 사람들과 어울리려는 경향이 다른 하위 유형보다 강하다. 자신과 가까운 사람의 성공과 영향력이 자신의 성공과 영향력을 나타낸다고 생각하기 때문이다. 그뿐만 아니라 이들은 관계 지향적인 태도를 활용하여 잘 보이고 싶은 사람에게 도움을 주고 충성한다.

➤ **사회적 본능(SO)의 3번 유형**: SO 3번 유형은 다른 두 하위 유형에 비해 주목을 받으려고 하는 경향이 있다. 이들은 자신의 목표 실현을 도와줄 만하고 잘 나가는 것처럼 보이는 주위 사람들을 모으는 능력을 타고난 사람들이다. 게다가 좌중을 사로잡고 공동의 목표나 명분에 남들의 주의를 집중시키는 능력도 뛰어나다. 그러나 SO 3번 유형은 자신에 대한 부정적인 피드백을 감지하기 위해 늘 촉각을 곤두세운다. 이들은 모든 사람이 자신의 능력과 성과를 알아주기를 바라며, 좋든 나쁘든 자기가 영향력을 발휘할 수 있을 만한 곳에 집착한다.

날개

3W2   **3W4**

2번 날개가 있는 3번 유형(3w2)은 3w4보다 한층 더 관계 지향적이다. 이들은 따뜻하고 긍정적이며 호감 가는 사람들이다. 관심의 대상이 되는 것을 좋아하지만, 때로는 남들을 자기 뜻대로 조종하려고 한다. 3w2는 가까운 사람들의 삶에 좀 더 많은 관심을 쏟으며 자기가 그들의 영웅이라고 착각하는 경향이 있다. 이들은 3w4에 비해 자신의 감정에 신경 쓰지 않는 경향이 매우 강하다.

    3w4는 사람보다 일, 성공, 내적 성찰에 더 집중한다. 이들은 대체로 3w2보다 더 예민하고 예술적이며 상상력이 풍부하고 말을 잘하며 가식적이다. 3번 유형은 전반적으로 자신의 감정을 멀리하는 편인데, 3w4는 할 일에 집중하다가도 갑작스레 깊은 감정을 느끼는 등 일과 감정 사이에서 갈팡질팡하는 경향이 있다.

중심 유형

3번은 2번, 4번과 더불어 가슴 중심 유형에 속한다. 이들은 감정 중추인 마음을 통해 정보를 받아들인다는 뜻이다. 3번 유형은 대개 자신의 감정에 초연한 듯 행동하지만 그럼에도 자신이 접하는 모든 것에 대해 감정을 느끼며 첫 반응도 정서적인 특성을 띤다. 3번 유형은 비판적으로 생각하고 실행력이 뛰어나다. 그러나 이러한 측면 또한 이들이 자신의 감정 중추를 통해 받아들인 것에 대한 반응이다. 가슴 중심 유형은 3가지 중심 유형 중에서도 보여지는 이미지를 가장 많이 의식하며, 그 가운데서도 3번 유형이 그러한 경향이 가장 강하다. 3번 유형은 모든 상황에서 자신이 어떤 인상을 줄지에 끊임없이 관심을 쏟으며 목표를 달성하기 위해 이미지를 바꾸는 일에 수고를 아끼지 않는다.

수치심 역시 가슴 중심 유형에 속한 3가지 유형의 동기 부여 요소인데 3번 유형은 수단과 방법을 가리지 않고 남들의 존중과 칭찬을 받음으로써 수치스러운 감정을 회피하려 애쓴다. 이들은 (의식적으로든 무의식적으로든) 자기가 제대로 된 사람들에게 좋은 인상을 줄 수 있다면 수치심과 자괴감을 회피할 수 있다고 믿는다. 가슴 중심 유형은 남들과의 관계에서 정체성을 발견하며 이는 긍정적으로도 부정적으로도 작용할 수 있다.

성향

3번은 7번, 8번과 더불어 공격 성향에 속한다. 3가지 유형 모두 남들을 공략 대상으로 생각한다. 특히 3번 유형은 타인을 자신의 목표 실현을 위한 하나의 과제로 간주한다. 이러한 사고방식 때문에 자기주장이 매우 강하며 심지어 다른 사람들의 뜻을 묵살할 때도 있다. 이들은 자신이 원하는 바와 가고자 하는 방향을 잘 알며 남들이 자기를 방해하는 것을 두고 보지 않는다. 이러한 성향 탓에 3번 유형은 자신이 남들에게 어떤 영향을 끼치는지 제대로 인식하지 못하곤 한다. 이들은 매우 진취적이며 목표를 달성하기 위해 그 다음에 해야 할 일이 무엇인지 늘 정확히 파악한다. 공격 성향인 3가지 유형은 감정 억압적이다. 감정에 따르기보다 의도적으로 행동하고 생각한다는 뜻이다. 3번 유형은 감정이 생산성과 능률에 방해가 된다고 생각하기 때문에 목표로 하는 일을 달성하기 위해 특정 상황에 적합한 감정을 구분해두고 필요할 때 꺼내 쓴다. 가슴 중심 유형이면서도 감정을 억제하기 때문에 자신의 감정에 둔감하며, 그로 인해 스스로의 생각보다 훨씬 더 큰 타격을 받는다.

잃어버린 고리들

다음은 3번 유형의 '잃어버린 고리들'이다.

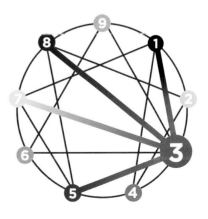

> **3번과 1번**: 3번과 1번 유형은 지속적인 향상을 꾀한다는 점에서 공통점이 있다. 이들은 고지식하고 체계적이며 현실적이다. 또한 직업윤리가 확고하고 간신히 기준을 충족하는 상황이나 사물에 '합당한 불만'을 품는다. 두 유형

모두 감정을 억제하기 위해 애쓰면서도 마음 속 깊이 감정을 느낀다.

▶ **3번과 5번:** 3번과 5번 유형은 성취하는 사람들이다. 이들은 매사를 명확한 눈으로 바라보고 영리하며 집중력이 뛰어나고 근면 성실하며 일에 집중할 때 큰 성과를 낼 수 있다. 헛수고를 싫어하며 효율을 좋아한다. 무엇보다도 자신의 감정이나 정서적인 자아와 거리를 둔다는 점에서 공통점이 있다.

▶ **3번과 7번:** 3번과 7번 유형은 공격 성향답게 매우 진취적인 유형이다. 두 유형 모두 모험을 좋아하고 낙천적이며 의지가 강하고 현실을 필요에 맞게 재구성하는 능력이 있다. 둘 모두 어느 곳에서도 분위기를 잘 맞추며 사람들을 쉽게 끌어모은다.

▶ **3번과 8번:** 3번과 8번 유형은 타고난 지도자다. 이들은 주위 사람에 대한 깊은 애정을 행동으로 전환하는 사람들이다. 두 유형 모두 자기가 보살피는 사람들을 적극적으로 대변한다. 둘 다 어떤 형태로든 비효율을 혐오한다. 예를 들어 감정 낭비나 사람들이 감정에 휘둘려서 해결책을 내지 못하는 상황을 싫어한다.

3번 유형을 사랑한다면

누구든 살면서 적어도 한 번쯤은 3번 유형을 진지하게 생각하고 사랑한 적이 있을 것이다. 다음은 3번 유형을 사랑할 때 염두에 두어야 할 다섯 가지 사항이다.

▶ **현실적이고 투명하게 행동하라.** 3번 유형은 자신이 세련되고 성공적이며 유능해야 한다고 인식하기 때문에 무엇이든 진짜여야 한다는 생각에 시달린다. 상대방이 정직하고 투명하게 행동하며 약점을 보일 때 3번 유형은 자기도 그렇게 할 수 있다는 자신감을 얻는다. 상대방이 3번 유형에게 날것 그대로의 삶을 보여줄 때 3번 유형도 갈수록 솔직한 모습을 보여주게 된다. 당신이 선뜻 가면을 벗지 않으면서 3번 유형에게 가면을 벗으라고 하는 것은 현실적이지도, 공평하지도 않다.

▶ **지나치게 떠받들지 마라.** 3번 유형은 기량이 뛰어나고 재능과 재주가 많은 사람들이다. 그러므로 그 모든 장점을 지닌 그들은 나머지 사람들의 부러움을 사곤 한다. 그렇다 해도 완벽하고 유능하며 매사에 뛰어나다고 대놓고 칭찬하는 것은 3번 유형에게 도움이 되지 않는다. 그런 말을 들으면 이들은 자신이 더

나은 사람이 되어야 한다는 기대를 받고 있다는 생각에 한층 더 집착하게 된다. 그 결과 자기 자신과 상대방에게 솔직해져봤자 이득될 일이 없다고 생각하기에 이른다. 솔직한 모습을 보이지 않아야 자신이 생존하거나 인정받을 수 있다고 믿다가 실패로 끝난 3번 유형이 많다는 점을 명심하라.

➤ **당신이 그들을 버리지 않겠다는 것을 말과 행동으로 분명히 보여주라.** 3번 유형은 자신의 결점이 조금이라도 드러나면 사람들이 자기를 사랑하거나 인정하지 않을 것이라고 두려워한다. 이들이 환경에 맞춰 끊임없는 변신하는 까닭은 허영심 때문만이 아니라 소속감을 느끼기 위해서다. 무슨 일이 있어도 사랑하고 함께 하며 위해줄 것이라고 명확한 말로 전달하라. 또한 그 말이 진심임을 행동으로 보여주라. 혹시라도 3번 유형이 도움을 청하거나 무슨 일 때문에 힘들다고 말하면 한층 더 신경 써주어야 한다. 그들이 당신에게 마음을 여는 것이 얼마나 특별한 일인지 인식하고 그처럼 가까워질 기회를 놓치지 말아야 한다.

➤ **그들에게 감정을 말로 표현할 여지를 충분히 제공하라.** 3번 유형은 스스로의 감정을 살피지 않는다. 그러나 그렇다고 해서 이들이 스스로의 감정을 처리하는 일에 완전히 손 놓고 있는 것은 아니다. 이들은 자신의 감정과 정서적인 요구를 인정하는 것을 어려워하지만 그럼에도 당신의 도움을 필요로 한다. 자신이 쉽게 마음을 열지 않아도 상대방이 계속 인내해줄 것을 바란다. 그러므로 3번 유형이 마음을 열 준비가 될 때까지 오랫동안 함께 앉아 같은 질문을 반복하고 기다려야 한다. 3번 유형은 마음의 여유가 있을 때 비로소 자신의 감정을 인정할 수 있으며 상대방이 일관성 있고 끈기 있게 기다려주기를 바란다.

➤ **그들이 하는 일을 구체적으로 지목하고 칭찬하라.** 특히 노력을 언급하면 효과적이다. 3번 유형은 무슨 일을 하든 엄청난 노력을 쏟아붓는다. 다른 사람들에게 좋은 인상을 주고 싶고 존경받을 자격이 있다는 것을 입증하기 위해서다. 3번 유형이 기울이는 노력에 관심을 보여주면 이들은 상대방이 자기를 있는 그대로 바라본다는 확신을 얻게 된다. 이들을 구체적으로 칭찬해주면 그저 입에 발린 말을 하는 것이 아니라 진심으로 인정한다는 믿음을 줄 수 있다. 3번 유형은 성숙하고 자각 능력이 있을 때 공동의 이익에 엄청난 기여를 할 수 있으며 이때 이들에게는 최대한도로 많은 지원과 격려가 필요하다.

3번 유형을 위한 조언

내면에 품은 거짓을 떨쳐내라

각 유형마다 자기 내면의 이야기와 동기를 제대로 깨닫지 못할 때 빠지기 쉬운 함정이 있다. 함정은 자신의 실체와 위치에 대한 거짓된 믿음의 형태를 띠기도 하는데 그러한 거짓은 벽이 되어 우리를 가둬둘 수 있다. 거짓에서 빠져나오려면 진실을 듣고 받아들여야 할 필요가 있다.

- ➤ **거짓: 결함이 있다는 인상을 주지 말아야 한다.** ✔ 진실: 결함이 있어야 인간이다. 다른 사람과 마찬가지로 결함은 당신의 정체성을 규정하는 요소가 아니라 당신 역시 사랑, 보살핌, 연민을 받을 자격이 있는 사람이라는 점을 주위 사람에게 일깨워주는 역할을 한다.

- ➤ **거짓: 나는 항상 '작동' 중이어야 한다.** ✔ 진실: 당신은 인간이지 기계가 아니다. 휴식을 취해도 좋다. 성과를 얻고 남들의 호감을 얻지 않아도 된다. 다른 사람에게 정돈되지 않은 모습을 보여줘도 된다. 그렇게 해도 당신은 사랑받을 것이다.

- ➤ **거짓: 사람들은 내가 아니라 내가 하는 일 때문에 나를 좋아한다.** ✔ 진실: 당신이 사랑받는 이유는 당신이기 때문이다. 무엇으로도 그 사실은 바뀌지 않는다.

- ➤ **거짓: 내가 쓴 가면 뒤에는 아무것도 없다.** ✔ 진실: 당신은 세상에 하나밖에 없는 존재이며 당신이 맡은 역할 때문이 아니라 그 자체로서 가치 있는 사람이다.

- ➤ **거짓: 나는 내가 하는 일로 규정된다.** ✔ 진실: 당신이 사랑하는 사람들과 마찬가지로 당신은 요구, 욕망, 재능, 가슴, 영혼이 있는 사람이며 그것이 당연하다.

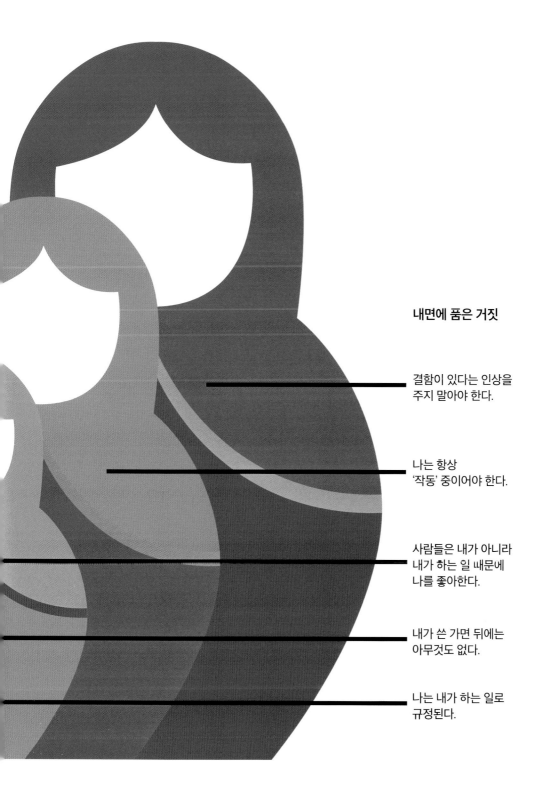

내면에 품은 거짓

결함이 있다는 인상을
주지 말아야 한다.

나는 항상
'작동' 중이어야 한다.

사람들은 내가 아니라
내가 하는 일 때문에
나를 좋아한다.

내가 쓴 가면 뒤에는
아무것도 없다.

나는 내가 하는 일로
규정된다.

3

파급 효과

당신의 행위와 성향은 자신뿐 아니라 다른 사람에게도 영향을 끼친다. 그러므로 당신이 미치는 영향이 무엇인지 정확하게 알 때 다른 사람에게도 도움이 된다.

▶ 당신은 남들이 자신을 떠받들어주는 것을 원하지 않는다. 그러나 완전무결한 모습만 보여주려고 하는 것은 당신 스스로 자신을 떠받드는 행위와 다름없음을 명심해야 한다. 3번 유형은 할 일이나 맡은 책임을 대충 처리하며, 기량을 향상하기 위해 일을 한다기보다 남들에게 유능하다는 인상을 전달하는 데만 노력을 쏟아붓는 경향이 있다. 이처럼 일을 대충 처리하는 패턴은 당신이라는 사람과 그 역량에 대해 정확하게 파악할 수 없게 하므로 결국에는 모두에게 불리하게 작용한다. 그런 상황에서는 모두가 실망하는 결과를 얻게 될 것이다.

▶ 다른 사람을 과제로 취급하는 행동이 그 사람을 소홀히 여기는 것임을 잊지 마라. 3번 유형은 남들을 처리해야 할 과제로 간주하는 함정에 빠져들기 쉽다. 이는 성공해야 한다는 부담감에서 비롯된다. 관계보다 과제를, 사람보다 생산성을 우위에 두면 중요한 사람들과 참된 관계를 맺을 수 없게 된다. 그렇게 행동하면 당신의 의도와 상관없이 상대방은 무시당했다고 느낄 것이다. 다른 유형의 경우와 마찬가지로 가까운 사람을 소홀히 취급하면 자신에게도 좋을 것이 없다.

▶ 당신이 남들을 자신의 연장선상으로 간주하지는 않는지 생각해보라. 자신의 가치와 성취가 가까운 사람의 성취를 통해서 이루어진다고 생각하는 것은 자신뿐 아니라 그 사람에게도 성공하고 효율을 발휘하라고 강요하는 것이나 다름없다. 필요 이상으로 높은 기대치는 스스로뿐만 아니라 가까운 사람에게도 도움이 되지 않는다. 당신의 고유한 가치는 당신이나 주위 친구 또는 가족의 성공으로 결정되는 것이 아니다.

건강한 습관

▶ **독서 계획.** 성장 분야나 호기심 가는 분야를 파악하고, 전문가가 쓴 책을 찾아내며, 몇 권을 며칠 동안 읽을지 목표와 체계를 수립하고, 끝까지 읽는 것은 3번 유형에게 어려운 일이 아니다. 이러한 연습을 통해 당신은 새로운 관점을 접하고 자기 분야를 연마할 수 있다.

➤ **침묵.** 3번 유형은 침묵을 지킬 때 어쩔 수 없이 스스로를 돌아보는 경향이 있다. 그러면서 자신의 솔직하지 못한 모습과 성공에 대한 강박증을 마주하게 된다. 여기서 핵심은 자신의 그림자 측면을 직시하는 법을 터득한 다음에 도망가기보다 정면으로 돌파해야 한다는 점이다.

➤ **취약성 공유.** 취약성 공유는 모든 유형에게 필요한 연습이지만 특히 3번 유형은 다른 사람이나 집단에게 자신의 취약성을 솔직하게 공유할 필요가 있다. 이러한 연습에는 자기 점검과 겸손함이 필요한데, 불편하게 느껴지겠지만 3번 유형이 강박을 벗어나 성장하려면 반드시 익혀야 할 요소다.

3번 유형의 자기 관리

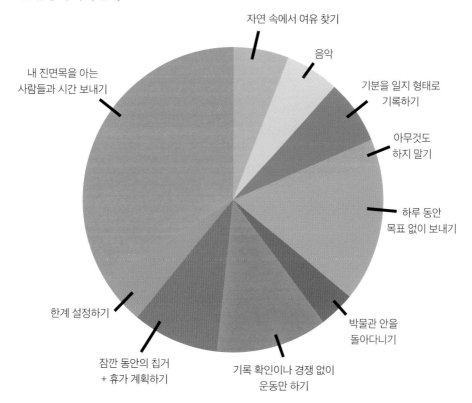

자기 점검

몸

강박적인 자기혐오   외모에 대한 집착   정력적/
자기 모습을 있는 그대로 수용함

머리

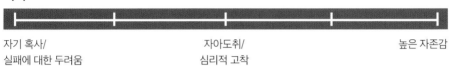

자기 혹사/   자아도취/   높은 자존감
실패에 대한 두려움   심리적 고착

가슴

믿음직스럽지 못함/   오만함/   매력적/
기만   기분에 신경 쓰지 않기   정중함/겸손함

자아

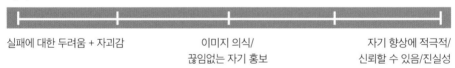

실패에 대한 두려움 + 자괴감   이미지 의식/   자기 향상에 적극적/
끊임없는 자기 홍보   신뢰할 수 있음/진실성

타인

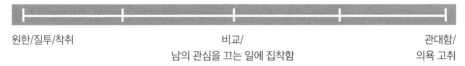

원한/질투/착취   비교/   관대함/
남의 관심을 끄는 일에 집착함   의욕 고취

원동력

실패에 대한 두려움   성공   (결과와 상관없는) 야심

깨달음

무의식적인 집착은 스스로와 주위 사람을 힘들게 한다. 이러한 집착을 끊어내려면 자기 자신이 보잘것없는 존재라는 사실을 직시해야 한다. 3번 유형도 예외는 아니다. 3번 유형의 깨달음은 자신의 실패가 공개되거나 오랫동안 지속될 때 또는 남들의 기대에 맞춰 살겠다는 마음을 버릴 때 이루어지곤 한다. 삶은 성공과 업적으로만 이루어지지 않으며, 누구에게나 꼭대기까지 올라갈 수 있는 사다리가 존재하는 것은 아니다. 그러한 사고방식으로 삶과 타인을 바라보려는 강박이 심해질 때마다 일종의 깨달음을 통해 자신과 남들이 인간이라는 사실을 잊지 말아야 한다. 실패가 널리 알려지고 오래 지속될 때 당신은 스스로를 성취 달성 기계로 생각하는 마음가짐에서 벗어날 수 있다. 실패 너머에도 삶이 존재한다는 점을 깨닫게 되면 항상 성취해야 한다는 가혹한 부담감에서 자유로워질 수 있을 것이다.

개인주의자
낭만주의자
예술가

에니어그램 4번 유형은 개인주의자, 낭만주의자, 예술가로 불린다. 4번 유형은 창조적이고 영감이 풍부하며 재치 있는 낭만주의자로 그에 걸맞게 상상력과 창의력이 풍부하다. 이들은 독창적이고 모순되는 측면이 양립하는 사람이다. 질투심이 강하지만 공감 능력이 뛰어나고 자신을 잘 알면서도 불안정하며 남의 말을 잘 들어주지만 극도로 위축된 사람들이다.

그러나 무엇보다도 그들의 가장 대단한 장점은 매우 예민하면서도 정서적으로 튼튼하다는 점이다. 언뜻 상반된 특징처럼 보이지만 4번 유형에게는 두 가지가 다르지 않다. 부정적이거나 긍정적인 감정에 대해 가치 판단을 하는 다른 유형과 달리 4번 유형은 가치 판단 없이 모든 종류의 감정을 온전히 체험하는 능력이 있어 다른 사람들이 '좋고 긍정적'이라고들 하는 감정과 '나쁘고 부정적'이라고들 하는 감정을 두루 느낀다.

이 같은 특성 때문에 4번 유형은 남들 눈에 침울하다거나 어둡다거나 시무룩하다는 식의 근거 없는 평판을 얻기도 한다. 실제로는 삶에 반드시 존재하는 어두운 측면을 회피

이 책을 쓰려고 준비하고 있을 때, 우리는 4번 유형에 관한 부분이 (가장 많이는 아닐지라도) 쓰기 어려운 유형 중 하나가 될 것이라는 것을 알고 있었다. 에니어그램의 4번 유형은 개인주의자, 낭만주의자, 예술가라고 불리며, 4번 유형의 정체성의 핵심에는 극단적 개인주의가 자리 잡고 있다. 4번 유형은 자신이 세상에서 제일 독특하고 어떤 시험, 책, 성격 유형도 자신을 완전히 묘사할 수 없을 것이라고 믿는다. 이 챕터를 읽는 4번 유형이 모든 측면에 들어맞을 가능성은 거의 없을 것이다. 하지만 괜찮다. 에니어그램이 4번 유형의 모든 것을 딱 들어맞게 설명할 수는 없겠지만, 이 책이 4번 유형 스스로를 더 잘 이해할 수 있게 해줄 뿐만 아니라, 성장을 위한 길을 제공할 수 있기를 바란다.

하지 않는 것뿐이다. 4번 유형이 눈물을 흘린다고 해서 위로받고 싶어 하는 것은 아니며, 오히려 기운 내라고 말하면 싫어할 수도 있다. 그들에게는 삶이 슬픈데 억지로 기운 내는 것이 진실하지 못하게 느껴지기 때문이다. 말할 수 없이 우울한 감정을 꿋꿋하게 경험하는 4번 유형은 정서적 강인함의 상징이다.

　나머지 사람들이 할 일은 4번 유형에게 가치 판단이나 부끄러움 없이 자기 모습 그대로 있을 수 있는 쾌적한 공간을 마련해주는 것이다. 그렇게 하면 4번 유형은 그들의 정서적 강인함이 절실히 요구되는 이 세상에 자신의 훌륭한 재능을 펼쳐 보일 수 있을 정도로 편안한 감정을 느낄 것이다.

4번 유형의 세계

이 세상에 4번 유형만 있다면 세상은 아름답고 정돈되어 있으며 진지한 장소로 변할 가능성이 크다. 사람들은 잡담 대신에 진실하고 심오하며 의미 있는 대화만을 나눌 것이다. 모두가 남을 이해하는 능력이 뛰어나며 서로에게 공감하면서 시간을 보낼 것이다. 일이 완성되지는 않겠지만 진행은 될 것이다. 사람들이 좀 더 끈끈해지겠지만 모두가 더 특이해보이려고 경쟁하거나 진실성의 해석에 대한 이견이 분분해지면서 쓰라린 단절과 고독이 만연해질 가능성도 크다. 어쨌든 우울한 느낌의 예술품이 쏟아져 나올 뿐만 아니라 비극으로 끝나는 예술 영화가 대량으로 제작되고 불안한 느낌을 전달하는 음악이 작곡될 것이다.

동기 부여 요소

4번 유형의 동기 부여 요소 중 일부는 외부에 있다. 4번 유형은 독창적인 자아를 추구하며 그 자아를 외부에 표출하고 싶어 한다. 독특한 옷차림과 특이한 머리를 하고 반문화적인 분위기로 작업 공간을 꾸미거나 화려한 오토바이 또는 자동차를 몰고 다니기도 한다. 4번 유형은 남들의 주목을 받고 싶어서가 아니라 자신이 어떤 사람인지 표현하기 위해 행동하며, 그것만으로도 눈에 띈다.

그러나 내면적으로는 아름다움이 4번 유형에게 동기를 부여하기도 한다. 이들은 세상을 한층 더 아름다운 곳으로 꾸미고 남들이 놓친 아름다움을 찾아내기를 원한다. 4번 유형은 죽음, 슬픔, 상실, 고민 속에서도 아름다움을 찾아내며 창의력을 발휘하여 그러한 아름다움을 표현한다.

4번 유형은 수치심이 크다. 자신이 실수투성이에 결함이 많으며 모자라다는 생각을 다른 유형에 비해 많이 한다. 이들은 자기를 온전히 이해해주고 인정해주며 사랑해줄 사람이 없다고 생각한다. 자신에게 결함이 너무 많아서 남들로부터 제대로 이해받고 사랑받을 수 없다고 생각하므로 내면에서 느끼는 결핍을 강력한 동기 부여 요소로 삼는다.

에니어그램 4번 유형의 대표적인 '계관시인'은 단연코 독일의 시인 라이너 마리아 릴케Rainer Maria Rilke다. 아래에 있는 그의 시에는 4번 유형이 내면에 간직한 이야기가 반영되어 있다. 제대로 적응하지 못한다는 생각, 남들과 어울리고 싶다는 생각, 모든 것을 갖추고 싶다는 생각, 진짜가 되고 싶다는 생각이 담겨 있다.

나는 이 세상에서 무척 외롭지만, 매 순간을 신성하게 보낼 만큼
외롭지는 않습니다.
나는 이 세상에서 너무 작은 존재이지만
그대에게
그저 물건으로 보일 만큼 작지는 않습니다.
드러나지는 않지만 영리합니다.
나는 자유의지를 지니고 싶고 행동으로 가는 길에
내 자유의지와 함께하기를 원합니다.
그리고 새로운 일이 닥쳐와서
의문이 드는 순간마다

나는 알 수 없는 것들을 아는 사람들과 같이 있고 싶습니다.

그렇지 않으면 혼자 있겠어요.

나는 그대의 모습을 온전히 비추는 거울이 되고 싶습니다.

거울에 꽉 차서 흔들리는 그대의 영상을 지탱하지 못할 만큼

눈멀거나 늙고 싶지 않습니다.

나는 드러나고 싶습니다.

나는 드러나지 않은 채 어디 있고 싶지 않아요.

내가 드러나지 않는 곳에서는, 나는 거짓이기 때문입니다.

그리고 당신 앞에서 내 분별력이 참된 것이기를 바랍니다.

나는 아주 오랫동안 가까이서 본 그림처럼,

내가 마침내 익히고 깨우친 말처럼,

내가 매일 쓰는 주전자처럼,

내 어머니의 얼굴처럼,

험한 폭풍우를 뚫고

안전하게 나를 데려가는 배처럼,

나 자신을 그리고 싶습니다.

- 라이너 마리아 릴케

그림자 측면

4번 유형의 그림자 측면은 깊은 수치심으로 표출된다. 4번 유형은 자신의 내면에 있는 진짜 자아가 온전하지 못하다고 믿고 걱정한다. 독특한 자기표현은 이들의 방어 기제 중 하나다. 자신이 실제로는 특별하지 않을까봐 과잉보상으로 대응하는 것이다. 4번 유형은 결함이 있음에도 불구하고 제 역할을 해내는 사람들에게 주목한다. 그리고는 자신에게 뭔가 부족한 면이 있다고 생각한다. "왜 남들은 그렇게 행복한데 나는 아닐까?" "왜 그 사람들은 성공하는데 나는 못할까?"

4번 유형은 이 세상이 자신을 감당할 그릇이 안 된다는 거짓 목소리에 끊임없이 시달린다. 실제로 이들은 자신이 과하다는 소리를 듣고 살았을 가능성이 크다. 그런 면에서

4번 유형은 8번 유형과 공통점이 많다. 그러나 4번 유형은 그런 거짓말에 반박하기보다는 그 거짓말을 받아들이는 경향이 있다. 내심 자기가 다른 사람에 비해 지나치게 뛰어나며 그 때문에 그 누구도 자기를 이해하지 못한다고 믿는 것이다.

4번 유형의 통합과 분열

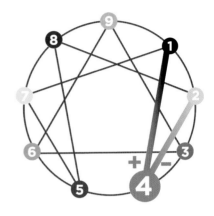

우리가 통합이나 분열 상태에서 다른 유형의 특징을 보이는 까닭은 해당 유형에 우리 스스로는 얻을 수 없는 특징이 존재하고 그것을 우리가 필요로 하기 때문이다.

건강한 4번 유형은 1번 유형의 가장 긍정적인 특징을 보인다. 이들은 더 이상 자기 감정에 휘둘리지 않게 되고 실용적이고 객관적이며 존재감을 드러낸다. 이때의 4번 유형은 침착함과 정서적 균형이라는 미덕을 보여줄 뿐만 아니라 감정을 진솔한 방식으로 표현하면서도 감정에 사로잡히지 않는다. 다시 말해 이들은 정서적 유창성을 유지하되 감정의 노예가 되지 않는다. 건강한 4번 유형은 자기 외부로 눈을 돌려 남들의 정서 상태에도 관심을 기울인다. 따라서 이들의 정서적 유창성은 다른 사람들에게도 도움을 준다. 건강하거나 성숙한 4번 유형은 온화하고 배려하며 공감 능력이 있는 태도로 남의 말을 들어준다. 자기 생각에만 몰두하거나 자기 연민에 휘둘리지도 않는다.

다음은 우리 친구 알리사가 묘사한 통합 상태의 4번 유형이다.

난 지금보다 더 합리적으로 생각할 수 있고 내 감정보다 신념에 귀 기울일 수 있다. (중략) 나는 극에서 극을 오가지 않으며, 감정의 협곡과 산맥을 지나가지 않는다. 그보다는 대부분은 평탄하지만 군데군데 (언덕보다 완만한) 오르내림이 있는 골프장을 지난다. 나는 감정보다는 내 신념에 대한 확신이 더 크다. 문제가 있으면 이리저리 재보기보다는 심사숙고한다. 나는 정리하고 체크리스트를 작성하며 일을 끝낼 때 성취감을 느낀다. 실제로도 나는 계획을 세우고 그 계획에 따른다.

4번 유형이 스트레스 상태일 때는 2번 유형의 건강하지 못한 특성 몇 가지를 보인다. 이들은 자기한테 없는 것을 지닌 사람들을 시기하고 질투한다. 이때 4번 유형은 비생산적인 우울과 자기혐오 속에 너무 오랫동안 머무른다. 관계에 지나치게 매달리고 심지어 상호의존적인 상태에 집착한다. 건강하지 못한 2번 유형처럼 건강하지 못한 4번 유형도 자신이 받은 호의를 일일이 기록해두고 사랑을 받기 위해 다른 사람들을 조종하는 경향이 있다. 때로는 자기중심적이고 거들먹거리는 태도를 보일 수도 있다.

4번 유형의 상태는 창조적 성과를 통해 가늠할 수 있다. 건강한 상태일 때의 4번 유형은 불안감을 한쪽으로 몰아둔 채 고유한 예술을 통해 세상의 보편적인 진실을 표현해낸다. 창의력을 발산하는 출구가 요리인지, 제빵인지, 글쓰기인지, 그림인지, 소묘인지, 공예인지, 음악인지, 영상 녹화인지는 상관없다. 건강하지 못한 4번 유형은 창의력이 막히고 억압되거나 자신이 원하는 정서 상태를 유지하거나 선택하는 수단으로 창의력을 이용할 가능성이 크다.

경고 신호

| 피해자/순교자 행세 | 밀었다 당겼다 하는 성향 | 남들의 비위를 맞춤 | 과장된 행동 |

| 궁상/집착 | 남들을 통제하려 함 | 지나치게 예민해짐 | 지나친 걱정/지나친 욕심 |

4번 유형 심층 탐구

에니어 사전: 알아두면 유용한 4번 유형의 언어

➤ **평정**Equanimity: 평정은 정서적 균형 상태를 말한다. 정서적 균형은 4번 유형의
건강으로 직결된다. 건강한 4번 유형은 어떤 감정을 겪든 마음의 상태를
유지한다. 그런 만큼 다른 그 어떤 유형보다 정서적 균형을 구현하는 유형이라 할
수 있다. 자기 인식이 없거나 건강하지 못한 4번 유형은 감정이 극과 극을 오가며
정서적 균형을 유지하지 못할 가능성이 크다.

➤ **취사선택**Curating: 4번 유형은 자신의 삶을 지속적으로 취사선택하여 예술
작품으로 승화한다. 기억을 취사선택하고 외모를 취사선택하며 주거 공간을
취사선택하고 소셜미디어 피드도 취사선택한다. 심지어 영화 한 편을 보거나
노래를 듣거나 어떤 장소를 방문함으로써 감정을 취사선택하기도 한다. 4번
유형은 취사선택에 능하다.

➤ **모순**Paradox: 4번 유형은 걸어다니는 모순이다. 극과 극을 오가는 이들의 성향은
다양한 형태로 나타난다. 그 중에서 남들에게 차갑게 대했다가 따뜻하게 대하는
밀당 방식을 사용하는 것으로 유명하다. 4번 유형은 활동이 과도해지는 상태와
위축되고 무기력해지는 상태를 오간다. 이들은 기진맥진해 있거나 전력을
다한다. 중간이 없는 것이다. 4번 유형의 하위 유형도 제각각 다르다.

하위 유형

➤ **사회적 본능(SO)의 4번 유형**: SO 4번 유형은 상처를 잘 입는다. 감정이 예민하고
상처 입는 것에 민감하게 반응하며 마음의 상처를 입고 그 상처를 남들에게
표현하는 것에서 위안을 얻는다. 이들은 자신과 남을 비교하며 자신이 남들보다
쓸모없고 어떤 면으로든 부족한 사람이라고 생각하는 경향이 있다. 있는 그대로
이해받고 싶은 욕구가 크지만 스스로에 대한 확신이 없는 이들은 남들과
비교하고 스스로를 비난하며 마음 속 깊이 시기심과 수치심을 느낀다.

➤ **자기 보존 본능(SP)의 4번 유형**: SP 4번 유형은 역유형이다. 다른 하위 유형에
비해 4번 유형의 특성이 덜하다는 뜻이기도 하다. 이들은 연극적이지도, 감정이
풍부하지도 않으며 고통과 더불어 살아가는 법을 터득한다. 부정적인 감정을

내면화함으로써 묵묵하게 견디는 것이다. 이들은 사물을 심도 있게 느끼지만 겉모습은 '강인'하거나 '쾌활'하다. SP 4번 유형은 매우 예민하지만 자신의 감정을 은밀하게 간직하거나 감정 자체를 외면한다. 이들은 자기 자신이 4번 유형이라는 것을 받아들이지 못하는 편이며 3번, 1번, 7번 유형 등으로 잘못 생각하곤 한다.

➤ **성적 본능(SX)의 4번 유형:** SX 4번 유형은 진지하고 자기주장이 강하며 경쟁적이고 자기 욕구와 감정을 솔직하게 표현한다. 이들은 남들에게 공격적으로 보이고 요구가 많으며 자신에게 필요한 것을 부탁하는 데 거리낌이 없다(또는 필요한 것을 얻지 못하면 거리낌 없이 불평한다). 좌절감, 거부당한 괴로움, 분노를 잘 표출하기 때문에 오히려 슬픔이나 혼란스러운 감정은 드러나지 않는 편이다.

날개

3번 날개가 있는 4번 유형(4w3)은 이율배반적인 사람으로 보인다. 어떻게 해서 진실성과 정서적 표현을 중시하는 4번 유형이 정서적 문맹과 기만을 특징으로 하는 3번 유형을 날개로 지닐 수 있는 것일까? 4w3은 다른 4번 유형에 비해 외향적이고 자기 이미지를 의식한다. 이들은 야심만만하고 경쟁적인 편이기도 하다. 가슴 유형 두 가지가 결합되었기 때문에 다른 4번 유형보다 남들에게 관심이 많으며 깊은 수치심에 시달릴 가능성도 크다.

5번 날개가 있는 4번 유형(4w5)은 매우 독특한 유형이다. 4번 유형이 5번 날개를 지닌다는 것은 에니어그램의 가장 깊은 곳에 내재하는 경계선을 넘나들며 머리와 몸 사이의 간극을 메운다는 뜻이다. 4w5는 4w3보다 좀 더 합리적이고 지적이며 관찰력이 있고 초연한 경향이 있다. 움츠림 유형 두 가지가 결합된 만큼 4w5는 내성적이고 움츠러들며 머리와 가슴의 연관관계가 한층 더 강력한 경향이 있다.

중심 유형

가슴 중심 유형에 속하는 3가지 유형(2번, 3번, 4번)은 모두 정보를 감정적으로 받아들인다. 이들은 자신이 접하는 모든 것에 감정을 느낀다. 다른 유형도 감정을 느끼기는 하지만 가슴 중심 유형에 속하지 않는 유형은 정보를 받아들일 때 신체적 지각이나 생각이 조금이라도 앞서게 마련이다.

4번 유형은 겉으로는 남들에게 자신만만하고 행복하며 조화로운 사람으로 보이지만 안으로는 공허하고 무기력하며 슬프고 수치스러운 감정을 느낀다. 이들은 다른 사람의 감정이나 행동에 촉각을 곤두세우고 그에 따라 느끼고 행동한다. 가슴 중심 유형에 속하는 3가지 유형 모두 자신이 쓸모없다는 감정에 시달린다.

성향

4번, 5번, 9번 유형은 모두 움츠림 성향에 속한다. 내향적이고 정체성과 자아의식이 내면에서 비롯된다는 뜻이다. 이들은 자신의 요구를 내적으로 충족하며 머리와 마음속으로 은밀하게 결정을 내린다. 4번 유형은 자기 내면을 세상으로 삼은 채로 살아가며 상상 속에서 헤어나지 못할 때가 많으며 실제 삶을 앞으로 나아가게 할 추진력이 부족하다. 이와 같이 4번 유형은 자기가 믿는 이야기와 세상의 현실을 제대로 구분하지 못하는 경향이 있다. 이들은 다른 유형보다 과거에 치우치는데 그 까닭은 과거 속에서는 전혀 '행동'할 필요가 없기 때문이다. 4번 유형은 머릿속으로 대화와 일의 전개를 여러 차례 되새기면서 자신이 달리 했어야 할 행동이나 말을 생각한다. 이들은 감정을 보호하고 자기만의 가치관을 찾기 위해 움츠린다. 그러면서 관계, 대화, 인생에서 결핍된 것에 대해 곰곰이 생각한다.

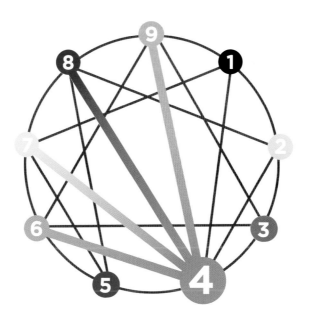

잃어버린 고리들

다음은 4번 유형의 '잃어버린 고리들'이다.

➤ **4번과 6번**: 4번과 6번 유형 모두 반항적인 유형으로 자기모순에 빠진 사람으로
보일 때가 있다. 두 유형 모두 영적으로 심오하며 매우 예민하다. 둘 다 그림자
자아와 삶의 어두운 측면에 매력을 느낀다. 이들은 어두운 이야기에 끌리는
경향이 있다.

➤ **4번과 7번**: 7번과 4번 유형은 정반대로 보이지만 결핍으로 자극받는다는 점에서
큰 공통점이 있다. 허구와 경박한 태도에 대한 애착을 보이며, 특정한 감정이나
미학에 맞는 외적 환경을 조성할 수 있다. 또한 이들은 세속적인 것과 숭고한
것을 동시에 즐길 수 있다.

➤ **4번과 8번**: 4번과 8번 유형 모두 자기들이 과하다는 이야기를 평생 동안 듣고
살아온 사람들이다. 이들은 진지하고 감정적으로 취약하며 기분 변동이 심하지만
영감을 불러일으키며 남들에게 친절하다.

➤ **4번과 9번**: 움츠림 성향에 속하는 4번과 9번 유형은 과거 지향적이다. 과거는

이들에게 향수를 불러일으킨다. 두 유형 모두 소속감이 부족하다는 점에서 동질감을 느낄 수 있다. 그런 면에서 이들은 자기에게 몰두하는 경향이 있으며 극적인 인상을 전달할 때가 많다. 그뿐만 아니라 둘 다 이야기와 독서를 좋아하며 특히 판타지와 소설을 즐겨 읽는다.

4번 유형을 사랑한다면

4번 유형은 오해받는 일이 많다. 살면서 만난 4번 유형에게 진심을 보이고 사랑을 주는 방법을 깨우치기는 쉽지 않은 편이다. 앞서 언급했듯이 4번 유형이 사는 공동체 내에는 다른 곳보다 한층 더 큰 다양성이 존재한다. 따라서 당신이 사랑하는 4번 유형에게는 각별한 창의력을 발휘해야 할 필요가 있다. 우리는 4번 유형에게 안전한 공간을 마련해주는 데 필요한 지침 몇 가지를 취합했다. 그러한 공간 속에서 그들은 수치심을 느끼거나 오해받는 일 없이 자기 본연의 모습을 보여줄 것이다. 당신이 4번 유형을 사랑하면 다음에 소개하는 몇 가지 사항을 명심하라.

➤ **안전한 공간을 조성하라.** 작가인 헨리 나우웬Henri Nouwen은《영적 발돋움Reaching Out》에서 환대를 이렇게 설명한다. "환대는 무엇보다도 자유로운 공간을 조성하는 것을 의미한다. 이방인이 들어가면 적이 아니라 친구가 될 수 있는 공간이다. 환대는 사람을 바꾸는 것이 아니라 변화가 일어날 수 있는 공간을 제공하는 것이다." 그의 설명은 특히 4번 유형에게 딱 들어맞는다. 4번 유형에게는 환대를 베풀 수 있는 사람이 필요하다. 그뿐만 아니라 물리적으로 안전한 공간이 필요하다. 그러한 공간에서 4번 유형은 편안하게 혼자 있거나 자기를 이해해주는 사람들과 있을 수 있다. 안전한 공간을 과소평가해서는 안 된다.

➤ **4번 유형과 느긋하게 함께 앉아 있는 것에 익숙해지라.** 4번 유형은 기분이 안 좋을 때 당신의 도움으로 '기분이 나아지는 것'을 바라지 않는다. 그들에게는 기분을 풀어주려는 시도가 효과적이지 못하며, 오히려 자신의 깊은 감정을 무시하는 행동으로 받아들인다. 그들에게 기분이 어떤지 물어보고 시간을 들여 그들의 대답을 들어주라. 대답을 재촉하지 마라. 4번 유형은 나이와 상관없이 매우 깊은 감정을 경험할 수 있지만 이를 이해하지 못하는 사람들이 대부분이다. 4번 유형이 느끼는 감정이 무엇이며 어떠한 방법으로 그 감정을 느낄 여지를

마련하는지 연구하라.

➤ **관계의 안정성을 강화하라.** 당신이
사랑하는 4번 유형에게 지금 이곳에 있는
이유가 그들 때문이며 아무데도 가지 않을
것이라고 반복해서 말하라. 이들은 자기가
마음을 터놓은 사람들이 자기를 떠날까봐

두려워한다. 그렇다고 해서 그들 앞에서 살얼음판을 걷듯이 조심하거나 그들이
당신에게 상처를 줄 때도 무조건 용납하라는 이야기는 아니다. 그보다는 말과
행동을 동원하여 관계의 안정성을 의식적으로 강화할 필요가 있다. 우리 친구인
시인 리사 케이는 4번 유형의 관점으로 이런 글을 썼다. "내가 느낄 수 있게 해줘.
내가 숨 쉴 수 있게 해줘. 그리고 나중에 나를 버리지 말아줘."

➤ **예술을 활용하라.** 4번 유형은 감정 상태와 예술을 시, 노래 가사, 음악, 시각
예술, 영화, 책 등의 형태로 연결짓는 것으로 유명하다. 다음에 당신이 사랑하는
4번 유형이 우울한 상태라서 서로 마음을 나누기 어려울 때는 "당신의 감정을
표현해주는 노래가 있으면 말해줄래? 그럼 당신을 더 잘 이해할 수 있을 거
같아"라고 말해보라. 예술을 두 사람의 공통 언어를 찾는 매개체로 활용하라.

4번 유형을 위한 조언

내면에 품은 거짓을 떨쳐내라

4번 유형의 영혼 속 깊이 도사리고 있는 몇 가지 거짓을 알아보자. 참고가 될 만한 내용
을 소개할테니 자기만의 표현으로 진실을 다시 써보라. 거짓이 머리를 쳐들 때마다 반박
하는 질문으로 대응하는 연습을 하라.

➤ **거짓: 너무 행복하거나 유능한 것은 좋지 못하다.** ✔ 진실: 이 거짓은 당신의
과거에서 비롯된 것이다. 당신이 행복해질 수 없다고 생각한 것은 언제부터인가?
기쁨을 표현해서는 안 된다는 생각은 언제부터 하게 되었는가? 그것은
객관적이지 못하고 매우 감정적인 생각일 뿐이다.

➤ **거짓: 다른 사람은 모두 지닌 것을 나는 지니지 못했다.** ✔ 진실: 당신이 지닌 것은

무엇인가? 당신은 무엇을 얻고 싶은가? 당신을 남들과 비교하지 말라.

▶ **거짓: 나는 정서적으로 엉망이며 누구도 그 사실을 이해하지 못한다.** ✔ 진실: 우리는 모두 조금씩은 망가진 사람들이다. 모두가 당신의 내면세계에 들어가도 좋을 만큼 믿음직한 것은 아니지만 "아무도 이해하지 못한다"는 생각은 절대적으로 거짓이다. 당신이 믿을 수 있는 사람은 누구인가? 당신의 내면세계에 들어가기 위해 기다리고 있는 사람은 누구인가?

▶ **거짓: 특별하지 않으면 중요한 사람이 될 수 없다.** ✔ 진실: 당신은 당신의 노력과는 상관없이 중요한 사람이다. 당신의 감정이 무엇이라고 말하든 당신에게는 객관적 가치가 있다. 당신이 진실로 추구하는 목표는 무엇인가? 사람들이 당신을 충분히 이해하지 못해도 괜찮은가?

▶ **거짓: 난 부족한 사람이다.** ✔ 진실: 누군가 당신을 꽉 잡아버릴까봐 두려운가?

파급 효과

당신이 세상에 모습을 드러내는 방식은 다른 사람들에게 영향을 준다. 남들이 당신에게 그런 말을 하지 않아도, 스스로가 중요하지 않은 것 같아도, 심지어 당신이 혼자라도 당신의 존재는 중요하며 남들에게 파급 효과를 미친다.

▶ 당신이 감정적인 삶에 얽매일 때마다 현실 생활에서 제대로 살아가는 일이 힘들어진다. 당신의 정서적 깊이는 일종의 재능이지만 현실적인 책임에 '부응'하지 못하는 핑계가 될 수 없다. 내면의 목소리가 뭐라고 말해도 당신은 현실적으로 중요한 사람이다. 당신이 행동하는 방식은 주위 사람들에게 실질적인 영향을 미친다.

▶ 현실을 믿기보다 주위 사람들에 대한 내면의 이야기를 믿는 것은 주위 사람들에게 자신의 오해를 부당하게 투사하는 것이다. 이런 일이 일어나고 있음을 감지하면 당신에게 있는 1번 측면을 일깨워서 상황에 대한 객관적인 진실을 들려주라. 그리고 생각을 일지 형태로 기록하라.

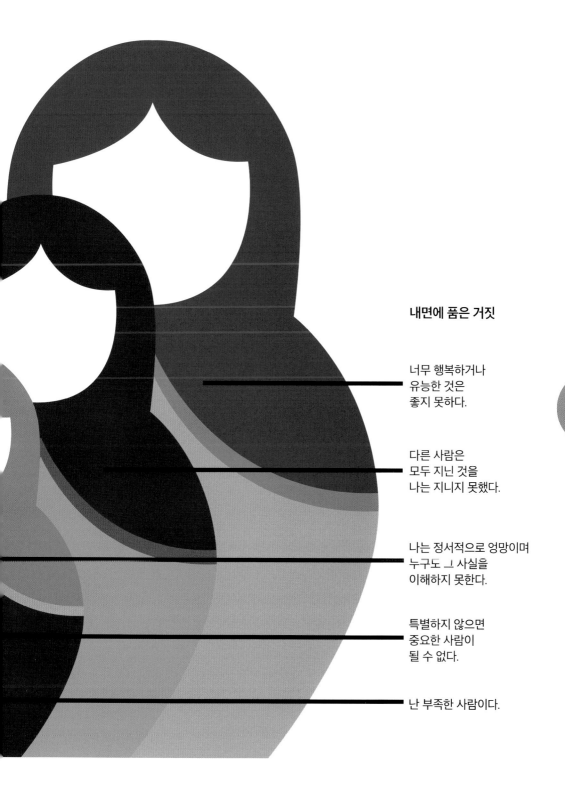

내면에 품은 거짓

너무 행복하거나
유능한 것은
좋지 못하다.

4

다른 사람은
모두 지닌 것을
나는 지니지 못했다.

나는 정서적으로 엉망이며
누구도 그 사실을
이해하지 못한다.

특별하지 않으면
중요한 사람이
될 수 없다.

난 부족한 사람이다.

➤ 남들에게 마음을 닫는 것은 이기적인 행동으로 당신의 타고난 습성인
  관대함과는 거리가 멀다. 자신은 남들에게 마음을 열지 않으면서 남들이 마음을
  열기를 기대해서는 안 된다.

건강한 습관

➤ **몸 관리하기.** 산책, 뜨거운 목욕, 요가를 통해 몸을 관리하라. 4번 유형이 이런
  습관을 들이면 명상을 통해 몸과 마음을 연결할 수 있을 것이다.

➤ **현재에 머물기.** 4번 유형은 움츠림 유형이다. 쉽지는 않겠지만 마음
  챙김mindfulness과 현존presence을 훈련하여 마음을 닫거나 고립되는 일 없이
  압도적인 감정을 이겨내는 방법을 다시 배워야 한다.

➤ **자연.** 우리는 예전에 인스타그램 계정을 통해 4번 유형에게 어떤 운동을 하고
  싶은지 묻는 설문조사를 시행했다. 야외로 나가 자연에 있고 싶다는 답변이
  가장 많았다. 친구와 산책하거나 등산을 떠나거나 야외에 앉아 자연의 무한한
  아름다움을 즐겨라.

➤ **넋두리.** 4번 유형은 넋두리하는 습관이 몸에 배어 있다. 일지를 이용하여 자신의
  우울한 감정을 들여다보고 넋두리를 시로 써보라. 글쓰기를 통해 상상력을
  발휘하면, 감정을 생산적인 방법으로 처리할 수 있게 된다. 게다가 글을 써두면
  당신의 감정을 이해하고 싶어 하는 사람들에게 보여줄 수도 있다.

➤ **축하하기.** 넋두리의 이면에는 축하하기가 있다. 이것은 어렵지만 반드시 필요한
  연습이다. 주말에 축하할 만한 일 다섯 가지 또는 감사하는 일 다섯 가지를
  기록해보라.

➤ **느긋해지기.** 이번 장을 읽는 사람 중에서 4번 유형이 아닌 사람들은
  '느긋해진다'는 말이 무슨 뜻인지 궁금해할지도 모른다. 그러나 4번 유형은 무슨
  뜻인지 단번에 알아차릴 것이다. 꾸물거리고 향유하며 기쁨을 느끼고 현재에
  머물라.

4번 유형의 자기 관리

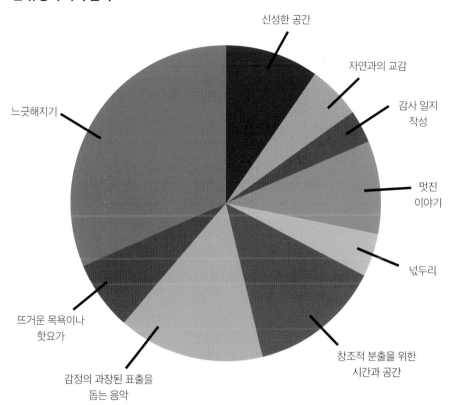

신성한 공간

자연과의 교감

감사 일지
작성

멋진
이야기

넋두리

창조적 분출을 위한
시간과 공간

감정의 과장된 표출을
돕는 음악

뜨거운 목욕이나
핫요가

느긋해지기

4

자기 점검

몸

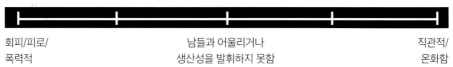

회피/피로/
폭력적

남들과 어울리거나
생산성을 발휘하지 못함

직관적/
온화함

머리

망상/
절망+우울한 생각

환상/
상상

탁월한 직관/
창의력 발휘

가슴

단념/
감정적인 마비

기분 변동/
과민증

민감/
정서적 솔직함

자아

수치심/
자기혐오

자기 몰입/
피해의식

자기에게 충실/
자기 창조적

타인

소외/
남들을 비난

소극적/
시기심

재치/
공감 능력

예술

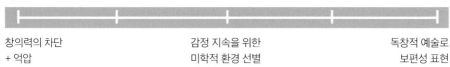

창의력의 차단
+ 억압

감정 지속을 위한
미학적 환경 선별

독창적 예술로
보편성 표현

깨달음

4번 유형은 에니어그램 여정에서 자신의 감정이 객관적 현실이 아니라는 사실을 깨닫는 순간이 찾아와야 한다. 이들은 자제력을 발휘하여 정서적 삶의 균형을 잡아야 한다. 그대로 놔두면 4번 유형의 성향상, 감정에 지배된 삶을 살 것이다. 그렇게 살면 삶에 대한 불만이 갈수록 커져서 현실과의 관계가 완전히 끊어질 가능성이 크다. 단절은 남들에게 '밀당' 기술을 너무 자주 사용하여 중요한 관계가 깨어지는 형태로 나타날 수 있다. 남들이 '이해해주지 않는다'는 이유로 남들에게 마음을 열지 않아 결국 처절하고 고통스러운 고립에 빠질 수도 있다. 충동적으로 살면 소외되고 탈진하며 파괴적인 패턴으로 고착될 가능성이 크다.

　4번 유형은 날마다 그 같은 성향을 극복할 기회를 잡을 수 있다. 그러려면 많은 노력, 자각, 겸손함이 필요하다. 때로는 공동체 전체에 가장 유익한 흐름을 따를 필요도 있다. 시기심이 들더라도 남들을 축하하는 습관을 들일 필요가 있다. 그러나 무엇보다도 이상향이나 가상 세계가 아니라 현실 세계에 온전히 머물러야 한다. 정서 지능이 성장하고 건강한 감정을 표현하는 언어를 익힐 때 당신은 스스로와 타인을 진정으로 이해할 수 있게 될 것이다.

4

5번 유형

탐구자
관찰자
이론가

에니어그램 5번 유형은 탐구자, 관찰자, 이론가 등으로 불린다. 이들은 호기심이 풍부하고 분석적이며 예리하고 통찰력 있는 학습자들이다. 머릿속에서 살다시피 하는 사람들로서 초연하고 남과 나의 구분이 확실하며 자제력이 강하다. 5번 유형의 머릿속은 성채나 다름없다. 아름답고 미로처럼 복잡하며 널찍하다. 수비가 철저하고 은밀하며 안전한 곳이라는 뜻이기도 하다. 5번 유형은 머릿속이라는 성채 안에 머무르는 동안 주위 세상에서 관찰한 미가공 데이터를 공평하고 효율적이며 혁신적인 해결책으로 전환한다. 남의 말에 경청하며 객관적이고 초지일관 충실한 사람들이다.

5번 유형은 겉보기에는 정서적으로 안정되어 보일지도 모르지만 실제로는 매우 예민하다. 이들은 자신의 감정을 드러내기보다 분석적이고 지적으로 정리하는 것을 선호한다. 그렇게 하고 나서야 자신의 감정을 받아들이고 느끼는 경향이 있다.

5번 유형의 세계

5번 유형만이 존재하는 세상은 훨씬 더 조용한 곳이 될 것이다. 모두가 머릿속에서 살며 혼자 지낼 것이기 때문이다. 사람들은 최상의 상태일 때 신중하며 지혜롭고 양심적인 모습을 보여줄 것이다. 그러나 최악의 상태일 때는 날카롭고 회의적인 모습을 보일 가능성이 크다. 모두가 혼자만의 생각에 잠겨 있거나 자신이 알게 된 멋진 일들에 대해 토론하는 광경이 펼쳐질 것이다. 세상은 남을 배려하고 존중하지만 감정 표현을 잘 하지 않는 사람들로 가득 찰 것이며, 그 때문에 정서 지능이 낮은 수준에 머물 가능성이 크다. 모든 사람이 맡은 일을 끝내는 방법을 연구하겠지만 실제로 일을 끝내는 사람은 없을 것이다. 따라서 멋진 아이디어는 넘쳐나되 아이디어가 실행되는 일은 결코 없을 것이다.

동기 부여 요소

5번 유형은 근본적으로 유능하고 적격인 사람이 되려는 욕구를 원동력으로 삼는다. 이들은 호기심이 풍부한 사람들로 지식에 대한 갈망이 엄청나다. 5번 유형은 세상, 인간, 스스로에 대한 모든 것을 알아내려고 하며, 특정 주제나 학문 분야를 집요하게 파고드는 경향이 있다. 그러다 호기심을 채우고 나면 다른 주제로 옮겨간다. 이들은 관찰하는 사람들이라서 관찰자나 탐구자로 불리는 일이 많다. 그런 만큼 5번 유형은 계속해서 눈으로 정보를 받아들인다. 따라서 5번 유형 가운데 안경을 쓴 사람이 많은 것은 놀랄 일이 아니다. 이들에게 세상은 호기심을 채울 수 있는 놀이터다. 5번 유형은 지치지도 않고 주변과 세상을 탐구한다.

  5번 유형은 세상을 이해하려는 욕구뿐만 아니라 자신과 타인과의 거리를 유지하려는 욕구를 지닌다. 굉장히 독립적인 사람들이라는 뜻이다. 이들은 남들에게 방해받지 않은 상태로 지내고 싶어 하며 남들로부터 도움받아야 할 필요성을 최소화하려고 한다. 그러므로 자기에게 필요한 것을 직접 충당한다. 게다가 다른 사람도 그렇게 할 수 있다고 생각하며 그렇게 하지 못하는 것을 보면 짜증을 내기도 한다. 이들은 자기와 남의 궁핍을 외면하며 타인의 삶을 간섭하는 것은 물론 남들이 자기를 간섭하는 것도 싫어한다.

그림자 측면

5번 유형의 그림자 측면은 뿌리 깊은 두려움이다. 5번 유형은 준비되지 않은 상태를 매우 두려워한다. 이들은 무지한 인상을 주지 않으려고 과도하게 많은 정보를 익힌다. 정보가 있어야 안전하다고 느낀다. 이들의 과도한 독립심 역시 이들의 복잡한 그림자 측면을 감추고 있다. 실제로는 남들에게 줄 것이 충분치 않거나 남들이 과도한 부탁을 할까봐 두려워하기 때문에 거리를 두려는 것이다. 5번 유형은 자기가 공들여 쌓은 성벽 안으로 남들이 넘어와서 그 안에 아무것도 없다는 사실을 발견할까봐 불안하다.

5번 유형의 머릿속 성채 깊숙한 곳에는 자기가 유능하지 못하다는 거짓말이 자리 잡고 있다. 독립심의 본질은 이러한 거짓말에서 출발한다. 5번 유형은 모자란 부분을 필요 이상으로 벌충하고 자신의 능력을 스스로와 세상에 입증하기 위해 과도하게 일한다. 그러는 동안 욕구를 직접 충족하는 법을 익힌다. 그러면서 자신이 무엇이든 혼자 힘으로 할 수 있다고 믿는다. 이들은 자신이 자립할 수 있을 만큼 강인하고 다른 사람과 지낼 필요가 없다는 거짓말을 스스로에게 주입한다.

5번 유형의 통합과 분열

일반적으로 5번 유형은 자신을 방치하는 경향이 있다. 이들은 정신이 육체와 분리된 사람처럼 행동한다. 생각 속에 빠져 사느라 육체와 감정을 방치하는 경우가 많으며 심지어 자기에게 육체와 감정이 있다는 사실을 망각하기도 한다. 실험실에 오랜 시간 머무르며 밥 먹는 것도 잊어버릴 만큼 실험과 연구에 정신이 팔려 있는 과학자를 떠올려보면 이해하기 쉬울 것이다. 어떤 이들은

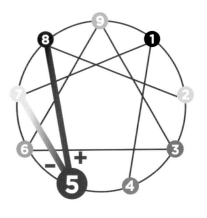

이처럼 자기 자신을 망각하는 행위를 건강하지 못한 행동과 분열의 징후로 볼지도 모른다. 그러나 사실 5번 유형의 분열은 매우 다른 형태로 나타난다.

우리가 통합이나 분열 상태일 때 다른 유형에 가까워지는 까닭은 우리 혼자서는 얻을 수 없는 무엇인가를 다른 유형에서 취해야 하기 때문이다. 5번 유형이 분열 상태일 때 7번 유형에 가까워지는 까닭도 7번 유형의 특징을 필요로 하기 때문일 것이다. 5번 유형은 평소에는 경계를 긋고 살지만 분열 상태일 때는 그러한 경계를 무너뜨리고 자유롭게 산다.

최악의 경우, 매우 건강하지 못하고 오랫동안 분열 상태에 있는 5번 유형은 굉장히 산만해보이고 쉬이 딴 생각을 하며 활동 과잉 상태가 된다. 지나치게 많은 계획을 세우며

모든 부탁을 들어주고 평소와는 정반대로 경계와 선을 넘는 행동을 한다. 이들은 과음, 과식, 늦잠, 과소비, 과잉 행동 등 스스로를 마비시키는 행동을 보이기도 한다. 물론 자기 할 일을 하며 자각 능력이 있는 5번 유형도 가끔씩은 의도적으로 경계를 풀고 쾌락에 탐닉할 수 있다. 이때 5번 유형은 7번 유형의 특징에 힘입어 평소에는 불편하게 생각했던 것에 빠져든다.

5번 유형이 완전히 통합될 때는 정신이 육체와 분리된 상태에서 벗어나, 자신의 감정과 육체를 살피며 생산적인 모습을 보여준다. 또한 이론을 제기하고 검증하고, 관찰한 것을 제시한다. 이들의 탐구는 이론 세계에만 머무르지 않고 실제 세상에 결과를 가져다준다. 완전히 통합된 5번 유형은 8번 유형에 가까워지며, 강인하고 유능한 지도자로서 육체와 정신이 온전히 결합된 모습을 보여준다. 건강한 5번 유형은 자신감과 결단력이 있고 주관이 뚜렷하며 활발한 활동을 펼친다. 8번 유형에게서 평소에 부족한 특징을 받아서 통합되기 때문이다. 건강한 5번 유형은 자신의 뛰어난 통찰력을 활용하여 생산적인 성과를 얻어낼 수 있다.

경고 신호

| 모든 요구에 응함 | 마비시키는 행동 | 자기 방치 | 집중력 상실 |
| 너무 많은 계획 | 산만한 정신 | 과잉 행동 | 지나친 비판과
냉혹한 태도 |

5번 유형 심층 탐구

에니어 사전: 알아두면 유용한 5번 유형의 언어

➤ **은둔**Monastic: 5번 유형은 은둔하는 삶에 길들여져 있다. 이들은 혼자 있거나 생각에 잠기기를 좋아한다. 간섭과 방해꾼을 싫어한다. 감정을 드러내지 않고 신체적 친밀감을 거부하는 5번 유형의 성향은 독신자 기질로 이어진다. 그 때문에 가까운 관계를 맺기가 쉽지 않으며 특히 오랜 관계에서 상처받을 수 있다. 더욱이 의존적인 관계를 맺기란 거의 불가능하다. 5번 유형이 마음의 상처와 다른 사람과의 친교라는 큰 위험을 부담할 때는 큰 희생이 필요하지만 매우 유익한 결과가 따른다.

➤ **사전 심사숙고**Prereflection: 5번 유형은 행동하기 전에 생각하거나 또는 행동하지 않고 생각만 한다.

➤ **수집**Collecting: 모든 5번 유형은 본능적으로 생각, 아이디어, 지식, 침묵, 공간 등을 수집한다. 그러나 건강하지 않거나 자각이 없는 5번 유형은 수집이 아니라 저장에 집착한다. 5번 유형의 가장 큰 단점을 탐욕이라고 하는 것도 그 때문이다. 따라서 인색한 사고방식을 버리고 베푸는 태도를 갖출 필요가 있다.

➤ **만나**Manna: 5번 유형은 날마다 에너지가 고갈된다. 구약성경에서 사막을 횡단하던 이스라엘 사람들이 날마다 먹을 수 있는 양식의 양이 정해져 있어서 만나를 못 먹을까봐 두려워했듯이 5번 유형은 에너지 고갈을 두려워한다. 또한 자신의 소중한 에너지를 누구와 무슨 일을 하는 데 사용할지 심사숙고하느라 정신적 에너지 대부분을 낭비한다.

➤ **한계**Limitations: 5번 유형은 제약과 제한의 세상에서 산다. 이들은 머리와 가슴, 몸과 자아(정신), 인생의 다양한 측면 사이에 벽을 세운다. 5번 유형은 자의에 의해서나 타의에 의해서나 많은 제약에 둘러싸이며 경계가 뚜렷한 삶을 영위한다.

하위 유형

➤ **사회적 본능(SO)의 5번 유형**: SO 5번 유형은 지혜와 지식을 추구하며 중요한 질문에 주의를 기울이고 흥미를 느끼는 분야에서 전문가가 된다. 이들은 자신과

비슷한 지적 호기심, 지능, 높은 이상을 지닌 사람들과 어울리기를 좋아한다. 다른 5번 유형과 달리 SO 5번 유형은 가치관과 이상에 대한 지식, 에너지, 열의만큼은 아낌없이 베푼다.

▶ **자기 보존 본능(SP)의 5번 유형**: SP 5번 유형은 자기 공간과 사생활에 대해 극도로 방어적이다. 이들은 자신의 모든 욕구를 충족할 수 있는 안전한 공간을 구축한다. 그뿐만 아니라 자신의 전반적인 욕구를 최소한도로 줄이는 일에 치중한다. 대체로 매우 내성적인 SP 5번 유형은 명확한 한도와 경계를 세워놓으며 혼자 있고 싶을 때마다 자신만의 성에 숨어든다. 이들은 삶 구석구석에 경계선을 긋는다. SP 5번 유형은 사생활과 안전이 엄청나게 중요하다고 생각한다.

▶ **성적 본능(SX)의 5번 유형**: SX 5번 유형은 역유형이다. 5번의 다른 하위 유형에 비해 5번 유형의 특징을 덜 드러낸다는 뜻이다. 이들은 한두 명과 강한 공감대를 형성하지만 그 이외 사람들과는 잘 어울리지 않는다. SX 5번 유형도 파트너에게는 의지하는 모험을 감행하며 다른 하위 유형에 비해 자기 내면의 감정을 살피는 편이지만 그 사실을 겉으로 드러내지 않는다. 이들은 파트너의 의리를 시험해보려는 경향이 있으며 다른 사람과는 마음을 터놓지 않으려 한다. 다른 하위 유형에 비해 이상주의적이고 꿈이 많으며 감정도 풍부하다. 그런 만큼 고통도 더 잘 느낀다.

5

날개

5W4   5W6

4번 날개가 있는 5번 유형(5w4)은 매우 독특한 유형이다. 5번 유형답게 배우고 이해하려는 욕구를 원동력으로 삼으며 머릿속에서 많은 시간을 보낸다. 그러나 4번 날개가 있으므로 에니어그램의 기저에 존재하는 경계선 밖을 넘나들며 머리와 가슴의 구분이 뚜렷하지 않은 사람들이다. 5w4는 좀 더 창의적이며, 두 개의 움츠림 유형이 결합된 만큼 다른 5번 유형에 비해 자신에게만 관심이 있으며 고립되는 경향이 있다.

6번 날개가 있는 5번 유형(5w6)은 5w4보다 더 외향적인 편이다. 두 개의 머리 유형이 결합되었기 때문에 5w4보다 좀 더 불안해하고 회의적이며 경계심이 많고 과학적이다. 이들은 다른 5번 유형에 비해 남들에게 좀 더 많은 관심을 기울이며 의존적이다.

중심 유형

머리 중심 유형에 속하는 3가지 유형(5번, 6번, 7번) 모두 머리를 통해 분석적으로 정보를 받아들인다. 두려움 중심 유형으로도 불리는 이들은 미래에 대한 의사결정과 계획 수립에 어려움을 느낀다. 5번 유형은 비합리적인 일을 하거나 실수를 저지를까봐 두려워한다. 그 때문에 과도하게 배우고 생각하며 분석한다.

성향

움츠림 성향이란 내향적이며 정체성과 자아가 내부에서 형성된다는 뜻이다. 움츠림 성향에 속하는 5번 유형은 자신의 욕구를 내면에서 해결하고 머리와 가슴으로 혼자서 결정을 내린다. 5번 유형은 자신의 내면을 실제 세상으로 삼고 살아가며, 생각의 성 안에서 헤매느라 현실의 삶을 추진하는 결단력이 부족할 때가 많다. 이들은 다른 유형에 비해 과거 지향적인데 가장 큰 이유는 과거에 살면 '실행'이 필요하지 않기 때문이다. 5번 유형은 머릿속으로 대화와 계획을 여러 차례 되새기며 자신이 다르게 행동했거나 말했으면 어떻게 되었을까 생각한다.

5번 유형은 움츠러든 상태로 정보를 처리하며, 움츠림을 세상에서 살아가는 데 유용한 성향으로 간주한다. 움츠러들어야 자신의 아이디어 체계를 세우는 데 유리하기 때문이다. 머리 중심 유형에 속하는 5번 유형은 자신이 중요시하는 객관성과 명료한 정신을 얻고 유지하기 위해 움츠러든다. 그뿐만 아니라 불안감을 달래기 위해서도 움츠러든다. 실제로 5번 유형은 9가지 유형 가운데 움츠러드는 성향이 가장 강하다.

잃어버린 고리들

다음은 5번 유형의 '잃어버린 고리들'이다.

➤ **5번과 1번**: 1번과 5번 모두 근면하고
직업윤리가 확실한 유형이다. 이들은
의지가 되며 믿을 만한 사람들이다.
두 유형 모두 시간을 절약하기
위해서 일을 대충 하는 일이 없다.
이들은 규칙을 중시하며 자기 영역이
뚜렷하다.

➤ **5번과 2번**: 언뜻 2번과 5번은 정반대 유형으로 보인다. 2번 유형은 강박적으로
베풀며 5번 유형은 남들이 베풀도록 내버려두는 경향이 있다. 이 두 가지
유형은 생애 초반에 서로를 만나 상대방에게 자신을 보완해주는 특징이 있다고
생각해서 단짝이 되곤 한다. 그런데 이 두 유형은 자신이 취약한 위치에 있을 때
남에게 도움을 청하기 싫어한다는 공통점이 있다. 5번과 2번 유형 모두 남들에게
의존해야 하는 상황을 원하지 않는다.

➤ **5번과 3번**: 3번과 5번 모두 성취자다. 이들은 관점이 뚜렷하며 영리하고
집중력이 강하며 근면한 사람들로 업무에 주의를 기울일 때 훌륭한 성과를 거둘
수 있다. 낭비를 싫어하고 효율을 좋아한다. 무엇보다도 자신의 감정과 정서적인
자아와 거리를 둔다는 점에서 공통점이 있다.

➤ **5번과 9번**: 5번과 9번 둘 다 움츠림 성향에 속하며 회피 성향이 강하다. 둘 다
남의 말을 잘 들어주며 입이 무겁지만 개인주의적이며 '안전'을 유지하기 위해
남들과 인지적 거리를 둔다. 두 유형 모두 통찰력 있고 심오한 사색가로서 지적
흥미를 자극하는 대화와 주제를 좋아한다. 둘 다 수면을 매우 중요하게 생각한다.

5번 유형을 사랑한다면

당신은 이제까지 살면서 5번 유형을 몇 명쯤은 만나보았을 것이다. 다른 유형의 경우도 그렇지만 5번 유형에게도 남들과 갈등을 빚을 소지는 다양하다. 5번 유형에게 자기 영역이 얼마나 뚜렷하고 중요한지 남들이 이해하기란 쉽지 않다. 5번 유형은 정신적, 정서적, 육체적 경계가 뚜렷할 뿐 아니라 시간과 가정에 대해서도 선을 긋는다. 다음은 5번 유형을 사랑하는 사람이 염두에 두어야 할 5가지 사항이다.

➤ **5번 유형에게 생각의 성은 실제로 존재한다.** 이들은 머릿속에 머무를 때 매우 편안해한다. 이들의 머릿속은 더할 나위 없이 안전한 공간이다. 게다가 5번 유형은 남들의 도움 없이 머리로만 감정과 경험을 정리하고 분류할 수 있는 능력이 있다. 하지만 이들은 머릿속에서 정보를 처리하는 일을 끝마칠 때까지 그것을 언어로 풀어내는 능력이 부족하다. 그러니 이들에게 먼저 생각할 여유를 주지 않은 채로 어떤 감정과 정서를 느끼는지 말해보라고 요구하지 마라. 무엇보다도 5번 유형이 자신의 기분이 어떻다고 말하면 그들이 겉으로 그러한 감정을 드러내지 않더라도 그 말을 믿어라. 5번 유형이 자신의 기분을 말로 전달할 수 있으려면 먼저 마음을 분석하여 자신이 어떤 기분을 느끼는지 파악해야 한다. 그러므로 그들의 말을 믿어라.

➤ **5번 유형에게는 그들만의 성이 필요하다.** 이들은 안전하고 방해받지 않은 채로 혼자 지낼 수 있을 만한 물리적 공간을 원한다. 5번 유형과 살 때는 이들이 세상을 버거워할 때 피신할 수 있는 공간을 마련해야 한다. 그러한 물리적 공간을 없애거나 침범해서는 안 된다. 5번 유형은 자신만의 독립적인 공간을 유지할 수 있다면 개인으로서도 승승장구할 뿐만 아니라 당신과의 관계도 훌륭하게 이어나갈 것이다.

➤ **5번 유형의 통합을 도와야 한다.** 이들에게 신체적 활동을 통해 몸을 사용하라고 일깨워주어야 한다. 5번 유형은 머릿속에서 벗어나 몸을 쓰는 신체적 훈련을 게을리하지 않을 때 더 좋은 아이디어를 내고 더 잘 느낄 것이며 당신과의 관계에서도 더 멋진 사람이 될 것이다. 당신이 사랑하는 5번 유형이 너무 오랫동안 생각에 잠겨 있으면 달리기, 자전거, 수영, 요가 같은 운동을 통해 몸을 움직일 수 있도록 유도하라.

➤ **명확한 목표를 세워라.** 사람들은 대부분 남들의 기대를 부담스러워하지만 그 가운데서도 특히나 5번 유형은 자기에게 막연한 기대가 쏟아지는 것을 매우 싫어한다. 당신이 사랑하는 5번 유형에게 무엇인가를 기대할 때는 구체적으로 명시해야 한다.

➤ **조건 없이 도움을 제공하라.** 5번 유형은 욕구를 직접 충족하려 하며 욕구 자체를 최소한으로 줄인다. 둘 사이가 가까워졌을 때 당신에게 자신의 욕구가 '과도'하다는 인상을 주지 않기 위해서다. 그런 만큼 5번 유형은 자기처럼 독립적이고 자립심이 강한 사람들만을 주위에 두는 것에 익숙해져 있다. 당신이 그들의 욕구를 대신 충족해주려 할 때는 아무 조건 없이 그렇게 한다는 점을 확실하게 밝혀야 한다. 그러다 보면 그들은 생각의 성과 마음에 당신의 출입을 서서히 허용할 것이다.

당신이 명확하고 직접적인 말로 표현하고 독립적이며 집착하지 않을 때 당신이 사랑하는 5번 유형과 잘 지낼 수 있다는 점을 명심하라.

5번 유형을 위한 조언

내면에 품은 거짓을 떨쳐내라

이 세상에서 진정 홀로 살아갈 수 있는 사람은 없다. 5번 유형이 반드시 알아차리고 떨쳐버려야 할 자기기만 중 하나는 자신이 다른 사람 없이도 살 수 있다는 믿음이다. 안타깝게도 5번 유형은 자신이 매우 유능한 사람이라는 것을 알고 있다. 이들은 자신의 욕구를 직접 충족할 수 있다는 점을 실제로 입증함으로써 날마다 그러한 기만을 강화해나갈 가능성이 크다. 따라서 이러한 거짓이 머리를 들기 시작할 때 진실로 대체하는 법을 훈련해야 한다.

➤ **거짓: 나는 다른 사람의 도움이나 위로가 필요 없을 만큼 강인하다.** ✔ 진실: 당신은 독립적이지만 그럼에도 살아가는 동안 당신이 미처 대비하지 못한 일을 당할 때 당신을 위로해주고 아무 조건 없이 도와주려고 하는 사람들을 필요로 한다.

➤ **거짓: 나는 감정이 없는 사람이다.** ✔ 진실: 당신은 감정에 다가가는 법이 다른

사람과 다를 뿐이다. 자신의 감정에 대해 고찰해볼 정신적 공간을 확보하고 나면 당신도 감정을 온전히 느낄 수 있을 것이다.

➤ **거짓: 난 스스로 무엇이든 할 수 있다.** ✔ 진실: 당신은 매우 유능한 사람이지만 그렇다 해도 혼자서 할 수 없는 일들도 있다. 인간은 다른 사람과 함께 살아가도록 만들어졌으며, 그렇게 더불어 여정을 걷는 편이 훨씬 더 즐거운 법이다.

➤ **거짓: 남들이 내게서 뜯어가려 하기 때문에 나는 비축해두어야 한다.** ✔ 진실: 물론 어떤 사람은 당신에게서 무언가를 빼앗아갈 수도 있다. 그러나 당신에게는 해가 되지 않을 사람과 그렇지 않은 사람을 구별할 지혜와 분별력이 있다. 믿을 만한 사람에게는 손해 본다는 느낌 없이 얼마든 아낌없이 베풀어도 된다.

➤ **거짓: 난 능력이 없다.** ✔ 진실: 당신의 능력은 지금도 충분하다.

파급 효과

당신이 세상에서 행동하는 방식은 다른 사람에게 영향을 준다. 다른 사람이 그렇지 않다고 말하거나 스스로 그렇다고 생각하지 않는다고 해도 당신의 존재는 중요하며 남들에게 파급 효과를 끼친다는 사실은 변하지 않는다. 5번 유형은 욕구를 극도로 제한하는 성향이므로 가끔씩은 세상이 결핍의 공간이기보다는 풍족한 공간이라는 사실을 스스로에게 일깨울 필요가 있다.

➤ 다른 사람이 착취할까봐 두려워서 인간관계나 대화를 기피할 때마다 당신이 두려움에 패배하는 것임을 명심하라. 약간의 두려움은 긍정적인 원동력이 될 수 있지만 인간관계를 단절할 정도의 무기력감을 유발하는 두려움은 해롭고 위험하다. 두려움이 승리하도록 내버려두어서는 안 된다. 인간은 인간관계를 하도록 타고났다. 누구와 어울릴지 신중하게 선택하기만 하면 된다. 의심을 의심하라.

➤ 감정을 외면할 때마다 주위 사람들의 삶에 좋지 못한 파급 효과를 끼칠 수 있다는 점을 잊지 말아야 한다. 혼자서든 상담자, 영적 지도자나 안내자 등의 믿을 수

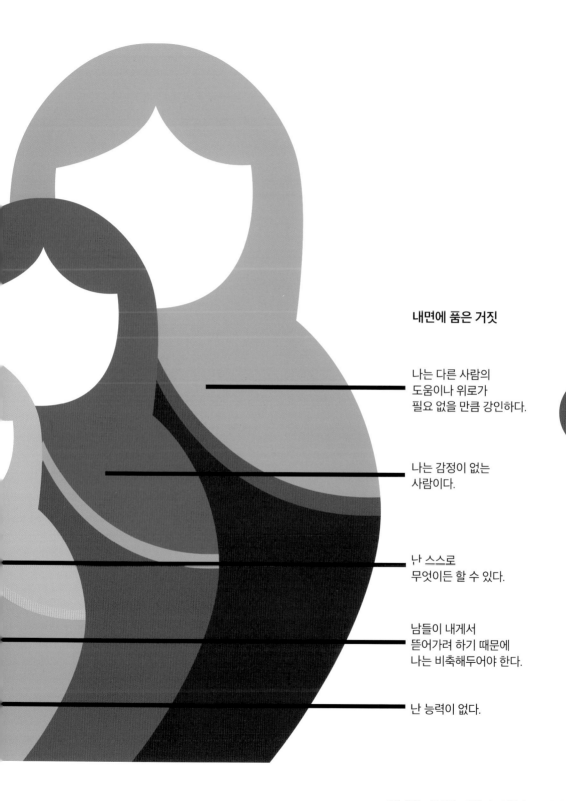

내면에 품은 거짓

나는 다른 사람의
도움이나 위로가
필요 없을 만큼 강인하다.

나는 감정이 없는
사람이다.

나 <u>스스로</u>
무엇이든 할 수 있다.

남들이 내게서
뜯어가려 하기 때문에
나는 비축해두어야 한다.

난 능력이 없다.

5

있는 사람을 찾아가든 자신의 정서적 자아와 가까워지는 법을 익히라.

➤ 무엇이든 관조하기만 하고 말이나 행동에 대해 공상만 하며 실제 사람과의 대화가 아니라 머릿속의 대화에만 골몰하면 삶을 충분히 경험할 수 없다. 게다가 인간 본연의 목적에 충실하지 못하게 된다. 세상을 수동적으로 관조하는 사람이 되지 말고 세상사에 참여하라. 세상은 당신의 관찰뿐 아니라 행동도 필요로 한다.

건강한 습관

➤ **봉사**. 5번 유형은 몸과 마음이 멀어지고 분열하는 경향이 있다. 따라서 머릿속에서 나와 손과 가슴을 활용해야 할 필요가 있다. 5번 유형이 서비스 제공이나 자원봉사 같은 활동을 정기적으로 하다보면 머리, 몸, 가슴 등의 자아 전체를 뒤바꿀 여지가 생길 것이다. 그뿐만 아니라 남에게 봉사하는 행위를 통해 세상의 나머지 부분과 관계를 맺을 수 있게 된다. 인류가 통합되지 않는 한 자아의 통합도 불가능하다는 깨달음도 얻을 수 있다.

➤ **베풀기**. 5번 유형은 자신의 능력, 아이디어, 자원을 감춰두는 경향이 있다. 베푸는 행동은 5번 유형을 자극하고 성장을 유도할 것이다. 5번 유형은 자신이 가진 것과 재능을 나눌 수 있는 방법을 검토해보아야 한다. 지식, 부, 아이디어, 마음 등을 나눌 수 있는 곳을 생각해보라. 모든 방면에서 너그럽게 행동하여 오랫동안 스스로에게 주입해온 결핍의 허구를 조금이라도 떨쳐내라. 그렇게 하기 위해서는 많은 시간과 훈련이 필요하지만 큰 변화를 경험할 수 있다. 자신이 빈털터리가 될지도 모른다는 두려움이 느껴지더라도 세상에는 풍요의 샘이 존재하며 당신에게도 발견될 것이라는 사실을 믿어라.

➤ **감정 인식**. 내면의 감정을 인식하게 되면 스스로에게 그 감정을 충분히 처리할 여유를 제공하라. 그러나 감정 처리가 단순한 지각 체험으로 끝나서는 안 된다. 감정을 인식할 때마다 충분히 느껴라. 슬픔을 느끼면 회피하려 하지 말고 슬픔을 그대로 끝까지 체험하라. 감정을 우회하지 마라. 나중에 느끼든 주위 사람과 다른 방식으로 느끼든 상관없으니 감정을 충분히 느껴라.

➤ **존재감**. 5번 유형은 에니어그램 유형 가운데 가장 위축된 유형이다. 그러므로 단절과 고립 없이 존재감을 드러내고 엄습하는 감정을 이겨내는 법을 익혀야 한다. 쉬운 일은 아니겠지만 노력하다보면 긍정적인 변화가 찾아올 것이다.

마음챙김과 존재감을 연마하라. 신체 활동을 통해 몸과 가까워져라.

➤ **경계선.** 자기 보호 기능이 있는 경계선을 긋는 행위는 유익하지만 5번 유형은 경계선이 아니라 난공불락의 장벽을 세우는 경향이 있다. 자신이 세운 장벽 중 출입문이 있거나 울타리로 전환할 수 있는 것이 무엇인지 파악하라.

5번 유형의 자기 관리

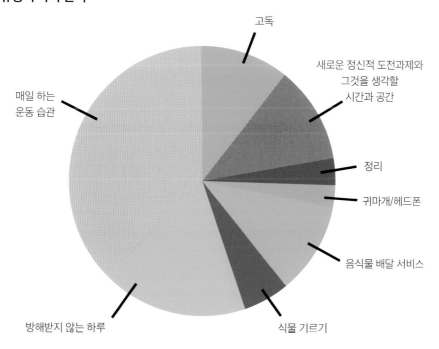

자기 점검

몸

은둔/
앉아만 있는 생활

소극성/
물리적 세계와의 단절

적극성/
몸과 가까움

머리

공포/
아이디어에 대한 집착

복잡한 아이디어
+ 가상 세계에 대한 집착/몰두

기민성/호기심/
개방성/예리한 관찰력

가슴

단념/
감정적인 마비

극도의 예민함/
가슴과의 단절

활기/
가슴과의 연결

자아

자기 존재의 망각 추구/
자기 파괴적

자아 망각/
'몸과 분리된 마음'

독립성/
비상한 통찰력

타인

타인에 대한 거부/
퇴짜

시비/
냉소/신경질

취약성 인정/
장벽 무너뜨리기

내 머릿속은

신뢰할 수 없다.

유일하게 안전한 공간이다.

성이다.

깨달음

자신과 주위 사람들을 속박하는 무의식적인 강박을 떨쳐내기 위해서는 스스로가 낮아지는 체험을 해야 한다. 5번 유형의 경우에는 여정의 어느 지점에서 깊은 상실감과 슬픔을 경험할 필요가 있다. 슬픔은 피할 수 없는 감정이며 사람을 완전히 압도한다. 슬픔에 빠지면 더 이상 모든 일을 합리적으로 바라보며 가까이 있는 사람과의 친교를 유지하고 자기 삶에 참여하는 선택을 할 수 없다. 감정과 몸을 통해 자신의 존재감을 발휘할 수 있는 방법은 여러 가지지만, 5번 유형은 슬픔처럼 극심하고 피할 수 없는 충격을 받아야만 스스로를 억압하는 강박에서 벗어나는 법을 익힐 수 있을 것이다. 5번 유형은 이번 장의 앞부분에서 알아본 연습과 자기 발견을 통해 그 같은 교훈을 얻어야 한다. 그러나 깨달음을 가장 빨리 유도하는 요소가 성격적 결함이 아닌 슬픔이라는 점에서 5번 유형은 다른 유형과 다르다. 슬픔은 모든 사람에게 인생의 어느 순간에 닥친다. 슬픔을 통해 강박 성향을 재빨리 떨쳐내든 다른 훈련을 통해 서서히 떨쳐내든 당신의 자아는 과거의 자아보다는 부드러워질 가능성이 크다. 존재감이 커지고 주위 사람에게 너그러워질 뿐 아니라 자신의 감정을 좀 더 정확히 깨닫게 될 것이다.

5

6번 유형

충실한 사람
회의주의자
보호자

에니어그램 6번 유형은 충실한 사람, 회의주의자, 보호자로 알려져 있다. 이들은 헌신적이고 성실하며 방어적이고 신중하며 사색적이고 방심하지 않으며 믿음직한 사람들이다. 6번 유형은 무슨 문제가 생길 가능성이 있는지 항상 인식하고 있으며 어떤 일이 발생할지 최악의 시나리오를 예측하는 데 많은 시간을 쏟는다. 또한 최악의 상황이 닥칠 때 자신뿐 아니라 남들까지 무사하길 바라기 때문에 준비가 철저하고 다양한 재주를 익혀둔다. 6번 유형은 비행기 승무원의 안전 수칙 설명을 빠짐없이 경청하는 사람들이다. 이를테면 어디를 가든 비상구가 어디에 있는지 알아둔다. 또한 배고플 때와 아플 때와 전화기 전원이 나갈 때에 대비하여 간식, 약, 보조배터리를 챙겨서 다니기도 한다. 예상 가능한 상황에 대비하는 자세는 6번 유형의 큰 장점이다. 6번 유형이 직관적으로 예상하는 것들은 보통 대부분의 사람들은 쉽게 떠올리지 못하는 것들이다. 이들은 든든한 보호자이자 친구이자 동반자다.

6번 유형은 자신과 남들의 안전을 확보하는 일에 천부적인 재능이 있지만 이들의 행동은 대체로 두려움과 불신에서 비롯된다. 이들은 문제의 소지가 있는 일은 반드시 잘못될 것이라 확신하며, 자신과 의견이 다른 사람을 불신한다. 6번 유형은 자신감 부족과 과거의 실수에서 비롯된 경각심 때문에 대체로 스스로를 믿지 못한다. 그러나 다른 사람도 잘 신뢰하지 못한다. 특히 권위자라 해도 자기가 모르는 사람은 믿지 않는다. 남들은 자기가 발견하거나 예측하는 것을 발견하거나 예측하지 못할 수도 있다고 생각하기 때문이다. 이들은 자신과 남을 믿지 못하는 특징 때문에 쉴 새 없이 긴장하며 그 때문에 모두가 안전하지 않다는 불안감을 느끼게 된다.

6번 유형의 세계

6번 유형만 존재하는 세계는 매우 안전하고 체계적이며 예측 가능하지만 즉흥성이 부족한 공간일 것이다. 최선의 상태일 때는 책임감 있고 상냥하며 평화롭고 상대방을 지켜주고 남을 위해 조심하는 사람들로 가득할 가능성이 크다. 세상은 상호 연결망과 같은 형태를 띠게 되며 모두가 상대방에게 든든한 지원군처럼 활동할 것이다. 그러나 최악의 상태일 때는 불안하고 겁을 내며 지나치게 방어적이고 근심이 많은 사람들로 가득한 세상이 될 수 있다. 미래에 대한 걱정이 너무 많아서 행동에 나서지 못할 것이다. 이루어지는 일이 많지 않아서 발전이 늦춰질 가능성이 크다.

동기 부여 요소

모든 유형이 저마다 어떤 강박을 지닌 채로 살아간다. 이는 다양한 상황에 대한 '무조건 반사'의 일종이다. 6번 유형은 안전해져야 한다는 강박을 지닌 듯하다. 인생을 각종 사건사고, 문제, 위협으로 가득한 것으로 인식하기 때문에 항상 안전하고 믿음직한 사람, 구조, 절차를 찾으려 한다. 이들은 끊임없이 지평선을 살펴보면서 멀리 보이는 위험 신호나 위해 요소를 찾는다. 빨간불이 하나라도 켜지는 순간 6번 유형은 삶이 어떠한 방향으로 잘못될 수 있을지 고민하며 온갖 상황을 상상하고 스스로 대비할 수 있는 방법을 모색하기 시작한다. 6번 유형은 이러한 빨간불을 감지하자마자 곧바로 행동을 취한다. 그 때문에 남들 눈에 호들갑스럽고 불안정하며 매사에 겁먹은 사람처럼 보일 수 있다. 이들은 속으로 끊임없이 조사하고 대비하며 안전을 갈구한다. 길잡이를 원하고 다른 사람의 지원을 바라며 모두가 보살핌을 받아야 한다고 생각한다.

그림자 측면

안전 욕구는 6번 유형의 원동력이지만 사실 이들이 최우선으로 생각하는 것은 진실한 사랑이다. 6번 유형은 어떤 사람의 습관과 성향이 마음에 들고 그 사람이 편안하게 해주며 위험이나 적대감을 보이지 않으면 사랑받는다고 착각하곤 한다. 따라서 누군가가 자신과 같이 있으며 아무도 화내지 않고 위험하거나 취약한 상황에 있는 사람이 없으면 만사가 순조롭다고 생각하기 쉽다. 관계 속에서 안전을 느끼는 것은 분명 좋은 일이며, 남들에게 육체적, 정서적 안정을 제공하는 것은 6번 유형이 지닌 훌륭한 재능이다. 그러나 6번 유형은 안전과 안정성을 목표 달성을 위한 수단이 아니라 목표 그 자체로 보려는 유혹에 빠지기 쉽다.

이 같은 강박은 건강하지 못한 생각이 꼬리에 꼬리를 무는 결과로 이어져 진정한 성장과 발전을 방해할 수 있다. 6번 유형은 자신에게 문제가 생길 것이라는 생각, 스스로나 남을 믿을 수 없다는 생각, 계획과 탈출로를 준비해두어야 한다는 생각, 자신이 끊임없는 두려움 속에서 살아가리라는 생각, 버림받으리라는 생각 등을 자주 한다. 6번 유형 중에는 어린 시절에 세상이 무섭고 나쁜 일이 예기치 못하게 생기는 곳이라는 경험을 한 사람이 많다. 이들은 자기 자신, 권위자, 외부 상황, 하찮아 보이는 과거의 사건 때문에 낭패한 적이 있어서 그 같은 일이 다시 발생할 경우를 항상 대비해야 한다고 다짐한다. 세상에서 일어나는 온갖 종류의 사건이 6번 유형의 그 같은 두려움을 강화할 수 있으며, 그 결과 이들은 항상 경계를 늦추지 않는다.

6번 유형의 '치명적인 결함'은 위험, 불확실성, 혼란, 버림받음, 욕구가 충족되지 않는 상황, 속수무책인 상황, 혼자 남는 것에 대한 두려움이다. 다른 유형도 두려움을 느끼고 경험하지만 6번 유형에게는 두려움이 유독 큰 무게로 다가온다. 6번 유형이 두려움에 대응하는 방식을 보면 그들이 건강한지 아닌지를 알 수 있다. 이들이 건강하지 못할 때는 두려움이 삶에 엄청난 영향력을 행사한다. 그러나 평소에는 대수롭지 않고 미묘한 측면에서 두려움이 모습을 드러낸다. 이럴 때 두려움은 잠시 멈춰서 의문을 제기하거나 사람들이 마음속으로는 내가 잘되지 않는 것을 바라지 않는다고 끊임없이 의심하는 형태로 나타난다. 또한 위험을 회피하기 위해 (비합리적이고 손해를 유발할 수 있다 해도) 강력한 조치를 취하거나 가까운 사람을 믿지 않으려 하는 태도로 나타날 수 있다. 두려움 그 자체는 해롭거나 나쁘지 않다. 그러나 6번 유형은 건강한 경각심을 통해 두려움에 대응하는 법을 익히기 위해 부단히 노력할 필요가 있다.

6번 유형의 통합과 분열

6번 유형이 스트레스나 분열 상태에 빠지면 3번 유형의 몇 가지 특징을 보인다. 이들은 안정을 잃고 불안감에 휩싸이며 자신의 불안을 남들에게 표현하는 경향이 있다. 불안감 표출은 자기 이미지나 경쟁에 집착하는 형태로도 나타난다. 이들은 과제에 정면으로 부딪히기보다는 이 과제 저 과제에 손대는 식으로 자신의 불안감을 달래는 경향이 있다. 6번 유형은 스트

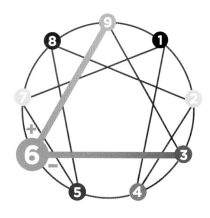

레스를 받으면 평소와 달리 심사숙고하지 않고 경솔하게 행동하며 주위 환경에 충동적으로 반응하는 편이다. 그러나 스트레스 상황에서 다른 유형에 가까워지는 것이 반드시 나쁜 일만은 아니다. 6번 유형은 자신이 충분히 대비하지 못한 상황에 빠지면 3번 유형의 특징을 발휘하여 생각을 중단하고 생산성을 발휘하며 해야 할 일을 매우 효율적으로 처리할 수 있다. 스트레스 상황에서 6번 유형은 내면의 후견인을 무시하고 평소보다 한층 더 과감하게 자기주장을 펼칠 수도 있다.

6번 유형은 건강할 때 9번 유형으로 통합된다. 건강한 6번 유형은 지나친 경계심이 바람직하지 못하다는 것을 깨닫는다. 건강할 때 이들은 느긋해지고 자기와 다른 사람의 안전을 확신할 수 있게 된다. 건강한 6번 유형은 가까운 사람에게 깊이 공감할 수 있을 정도로 느긋해진다는 점에서 9번 유형의 긍정적인 특징을 보인다. 6번 유형은 살아가는 동안 끊임없이 안전과 안정성을 추구한다. 이들이 통합되면 될수록 자신들이 그토록 바라던 평화와 안전 속에서 휴식하고 생활하는 법을 배우게 된다. 통합된 6번 유형은 스스로와 주위 사람을 신뢰하는 법을 터득할 때 여유를 찾을 수 있다. 이들은 지나친 경계심을 억제할 수만 있게 되면 사람과 공동체를 통합하는 데 그 누구보다도 뛰어난 능력을 발휘한다. 차분히 존재감을 드러낼 수 있는 능력이 있기 때문이다. 통합을 경험하기 위해 노력하는 6번 유형은 눈에 보이는 안전을 제공할 수 있을 뿐 아니라 9번 유형의 특징대로 내적 조화와 평안까지 제공할 수 있다. 주위 사람들에게는 매우 이로운 일이 아닐 수 없다.

경고 신호

끊임없는 비교　　　감정에 휘말림　　　새로운 시도를 두려워함　　　냉소적

의심　　　본능적인 반응　　　둔감　　　불안감 때문에
무기력해짐

6번 유형 심층 탐구

에니어 사전: 알아두면 유용한 6번 유형의 언어

➤ **내면의 후견인**Inner Committee: 6번 유형의 머릿속은 믿음이 가는 사람들의
목소리와 의견으로 가득하다. 우리는 이러한 존재를 내면의 후견인이라고
부르는데, 내면의 후견인들은 끊임없이 논의하고 대화하며 6번 유형의 생각에
영향을 끼치며 결국에는 분석 마비를 유발한다.

➤ **분석 마비**Analysis Paralysis: 다른 사람의 조언도, 자신의 생각이나 의견도 신뢰하지
못해 어떠한 결정도 내리지 못하는 현상을 말한다.

➤ **최악의 시나리오**Worst-Case Scenario: 6번 유형은 모든 상황을 부정적으로 해석하는
경향이 있다. 이들은 삶에서 느끼는 두려움에 비관주의와 최악의 시나리오로
대응하기도 한다. 이들이 생각해내는 최악의 시나리오에는 다른 유형이라면
생각조차 하지 못할 상황이 포함되는 경우가 많다. 6번 유형은 최악의 상황이
높은 확률로 실현될 수 있다고 늘 확신한다.

➤ **외상 전 스트레스 증후군**Pretraumatic Stress Disorder: (실제 발생 여부와 상관없이)
스트레스 상황이 발생하기도 전에 '고통스러운 사건을 상상'하는 증상을 말한다.

➤ **시험**Testing: 6번 유형은 주변 사람들이 자기에게 충실한지, 호응하는지, 안심하고 있는지 확인하는 식으로 남들을 시험하는 일이 많다.

하위 유형

➤ **자기 보존 본능(SP)의 6번 유형:** SP 6번 유형은 신중하고 성실하다. 이들은 매우 현실적이며 자신의 안전에 대해 매우 구체적인 형태로 신경 쓴다. SP 6번 유형은 흔히 '공포증phobic' 6번 유형으로 불린다. 그 정도로 이들은 두려움에 젖어 살며, 두려움을 적극적으로 퇴치하기보다는 그에 대한 대비책을 다양하게 마련해두는 쪽을 택한다. SP 6번 유형은 어떤 상황에 대해서든 항상 준비가 되어 있는 사람들이다. 이들은 6번의 다른 하위 유형보다 좀 더 내성적이고 신중한 편이며, 가까운 사람들과도 좀 더 조심스럽게 친분을 나누는 경우가 많다.

➤ **성적 본능(SX)의 6번 유형:** SX 6번 유형은 흔히 '역공포증counterphobic' 6번 유형으로도 불린다. 이들도 두려움에 자극을 받긴 하지만 다른 하위 유형보다는 좀 더 적극적으로 대처하는 경향이 있다. SX 6번 유형은 두려움을 회피하기보다 두려움에 맞선다. 이들은 역유형으로서 다른 하위 유형에 비해 6번의 특징이 덜하다. SX 6번 유형은 의지가 강하고 직설적이며 때로 호전적이라는 인상까지 전달할 수 있다. 다른 하위 유형보다 더 과감하고 자기주장이 강할 뿐만 아니라 권위자에 대한 불신도 더 크다. 이들은 개성이 뚜렷하여 잘못된 상황에 두려움 없이 맞서는 듯 보이기 때문에 8번 유형이나 1번 유형으로 잘못 분류되기 쉽다.

➤ **사회적 본능(SO)의 6번 유형:** SO 6번 유형은 공포증과 역공포증이 결합된 사람들이다. 이들은 순종적이며 정확하고 다른 하위 유형보다 공동체 의식이 강하다. SO 6번 유형은 매사를 흑백논리로 보는 경향이 심하여 1번 유형으로 잘못 분류되기도 한다. 모두가 서로에 대해 동일한 기대를 품어야 한다고 생각한다. 이들은 가장 가까운 사람들의 인생에 관여하고 싶어 한다. 자기가 필요할 때 그 사람들이 주위에 있어주길 바라기 때문이다. 이들은 예상 가능하고 신뢰할 수 있다는 이유 때문에 규칙, 질서, 지침에 잘 적응한다. SO 6번 유형은 가족과 친구 사이의 관례를 꿋꿋이 고수한다. 그 같은 관례가 친밀감과 안정성의 표시인 것처럼 느껴지기 때문이다. SX 6번 유형과 달리 이들은 필요에 의해서 권위자에게 의지하기도 한다.

6

날개

6W5   6W7

5번 날개가 있는 6번 유형(6w5)은 좀 더 내성적이고 신중하며 이성적이다. 이들은 수많은 생각이나 연구, 분석 같은 내면의 작업을 통해 분노나 위협에 대처하는 경향이 있다. 무슨 일이든 조사하려고 하기 때문에 어떤 상황이든 대비가 되어 있는 편이다. 6w5는 대부분 6w7보다 조심스럽고 위축되어 있다.

7번 날개가 있는 6번 유형(6w7)은 6w5보다 사교적이고 활발하며 충동적이다. 두려움이나 미지의 존재를 접하면 곧바로 행동에 나설 가능성도 더 크다. 생기 넘치고 유쾌하며 자기주장이 강하다. 이들은 매우 활발하고 생산적으로 사고하는 경향이 있다.

중심 유형

6번 유형은 두려움 중심 유형으로도 불리는 머리 중심 유형에 속한다. 이들은 사고 중추를 통해 정보를 받아들이며, 정보 수용은 무의식적이고 순간적으로 이루어지기도 한다. 6번 유형은 최악의 시나리오를 가정하고 다음에 닥칠 일에 대비하며 안전성을 평가하는 식으로 머릿속에서 오랜 시간을 보낸다. 이들은 매우 예리하고 활동적인 두뇌의 소유자로 끊임없이 머리를 쓴다. 6번 유형은 다른 유형에 비해 자신이 두려워하는 것과 문제의 소지가 있는 것에 관심을 집중한다. 그러나 이 같은 성향이 있다고 해서 6번 유형이 매사에 두려움을 느끼는 것은 아니다. 이들은 두려움에 민감하게 반응하기 때문에 두려움을 느낄 때 대담하고 과감하며 용감한 모습을 보이기도 한다.

성향

6번 유형은 의존 성향이다. 이들은 타인 지향적이며 자신의 안전과 정체성을 찾기 위해 남들에게 의지한다. 그뿐만 아니라 사람들을 끌어모으고 자신의 관리 하에 두면서 보호하는 성향이 강하다. 이들은 주위 사람이 안전하고 안심하며 잘 지내야만 스스로도 그렇다고 느낀다. 6번 유형은 자신이 믿고 의지하며 이해할 수 있을 만한 사람들을 주위에 두어야 한다고 생각하기 때문에 대부분 공동체를 매우 중요시한다. 이처럼 타인에게 의지하는 성향은 남들과 갈등을 만들어내기도 한다. 특히 높은 기대치를 고집하면서도 그러한 사실을 남들에게 알리지 않거나 주변 사람들이 그러한 기대에 부응하지 못하거나 남들을 의심하기 시작할 때 갈등이 생길 수 있다. 의존 성향에 속하는 유형답게 사고 억압적이기도 하다. 생각하기 전에 느끼고 행동한다는 뜻이다. 6번 유형이 머리 중심 유형에 속한다는 점을 생각해보면 그 같은 태도가 다소 모순되게 비춰질 수도 있다. 그러나 6번 유형은 타성에 젖어 있을 때 상황을 차분히 분석하지 않고 무조건적인 방어 행위를 취하는 등 두려움이나 불안감 같은 감정에 즉각 대응하는 경향이 있다. 6번 유형은 최악의 시나리오 구상에 사로잡히기 전에 잠시 멈춰서 비판적으로 생각하는 법을 익혀야만 성장과 통합을 이룰 수 있다.

잃어버린 고리들

다음은 6번 유형의 '잃어버린 고리들'이다.

> ➤ **6번과 1번:** 1번과 6번은 '적절함'을 중시한다. 두 유형 모두 일을 적절하게 처리하는 방법을 찾으며, 규칙과 위계질서를 중요하게 생각한다. 이들은 완고하고 지나치게 방어적이라는 인상을 주기 쉽다. 둘 다 편집증과 자기 불신에 시달린다. 이들은 헌신적이고 믿음직스럽고 책임감이 강하며 다른 사람에게도 한결같고 든든하기를 기대한다.

> ➤ **6번과 2번:** 이들은 사람을 매우 좋아하며 자기 사람을 위해서라면 무슨 일이든 가리지 않는다. 둘 다 존재감이 뚜렷하며 안심하고 대화할 수 있는 사람들이다. 사람들과 어울리기를 좋아하며 끈끈한 유대를 맺는 데 능숙하다. 두 유형 모두

주위 사람을 한결같이 지지하고 보살핀다. 그러면서도 얼마나 많은 사람이 실제로 자기를 좋아하는지 자문하는 식으로 자신의 불안감을 달랜다.

➤ **6번과 4번:** 4번과 6번은 반항적인 유형이다. 이들은 때로 자기모순에 빠진 사람처럼 보일 수 있다. 두 유형 모두 영적인 깊이가 있으며 매우 예민하다. 둘 다 자신의 그림자 측면과 삶의 어두운 부분에 매료되고 쉽사리 집착한다.

➤ **6번과 8번:** 8번과 6번은 든든한 보호자이자 후원자다. 자기 사람들에 대한 끈끈한 의리는 이들의 열정을 자극하기도 한다. 이 두 유형이 자기편인 사람은 운이 좋은 것이다. 그러나 이 둘과 대립하면 골치가 아파질 수 있다. 둘 다 권위에 순응하지 않으려 하며 사건의 이면에 있는 진실을 파악할 수 있는 예리한 안목을 갖추고 있다.

6번 유형을 사랑한다면

당신은 살면서 한번쯤은 6번 유형과 사랑하는 사이로 지냈을 가능성이 있다. 에니어그램의 장점 중 하나는 사람을 제대로 사랑하는 데 필요한 지식을 알려준다는 점이다. 다음은 당신이 소중하게 여기는 6번 유형을 사랑하기 위해 염두에 두어야 할 5가지 사항이다.

6번 유형에게는 자신의 안전이 삶에서 가장 우선 순위에 놓인다는 사실에 유의하라. 특히 그러한 안전 체계가 집단의 권위자에게서 나왔을 경우에는 다음 사항이 한층 더 큰 중요성을 띠게 된다.

➤ **언행일치하라.** 6번 유형에게 무엇인가를 약속했으면 반드시 그 약속을 지켜야 한다. 6번 유형은 성실성과 신용으로 유명하다. 이들은 다른 유형에 비해 그 같은 특징을 직관적으로 드러낸다. 6번 유형은 의리를 중요하게 생각하며, 신뢰할 수 있고 자기가 필요할 때 옆에 있어줄 수 있는 사람을 좋아한다. 따라서 6번 유형은 사랑하는 사람이 약속을 어길 경우 크게 상처입고 심지어 배신감을 느끼기도 한다. 6번 유형과의 약속을 어긴다는 것은 그들이 중요한 존재가 아니라고 알리는 것이나 다름없으며 이들의 의심을 불러일으키게 된다. 누구에게나 한결같은 모습을 보이는 것이 옳지만 특히 당신이 사랑하는 6번 유형에게는 반드시 언행일치를 실천하라.

➤ **언제나 곁에 있을 것이라고 말하라.** 6번 유형은 무슨 일이 일어나든 자기와 가까운

사람이 곁에 있어주는 것을 가장 중요하게 생각한다. 마찬가지로 상대방도 자기 곁에 있으리라는 확신이 들어야 마음을 놓는다. 6번 유형은 합리적이고 공동체 지향적인 사람들로 사랑하는 사람의 행복을 챙기는 것이 자신의 일이라고 믿는다. 6번 유형에게 사랑한다는 사실을 알리고 싶다면 당신이 함께 하리라는 것을 명확한 말과 행동으로 보여주라. 예를 들어, 문자 메시지에 간단한 답을 보내거나 음식을 가져다주고, 어떻게 지내는지 관심을 보이라. 그들과 보내는 시간을 우선시하고, 하루 동안 어떤 일로 그들을 떠올렸는지 말해주거나 "무슨 일이 있어도 난 네 옆에 있을 거야"라고 말하라. 6번 유형은 미묘하거나 명백한 스트레스 신호를 주위에 보내고 그 신호에 누가 응답하는지 확인하려는 경향이 있으며 이러한 행동은 아주 교묘하게 이루어진다. 자신의 안전 체계가 제대로 작동하고 있는지 확인하기 위해서다. 그러한 성향에 주의하여 신호가 오면 간단하게나마 곧바로 응답할 필요가 있다. 6번 유형은 그 같은 작은 응답도 중요하게 생각하며 고마워한다.

▶ **걱정을 들어주라.** 평가절하당하거나 무시당하기를 원하는 사람은 없을 것이다. 그러나 6번 유형이 자신의 걱정을 입 밖에 내면 대부분의 사람들은 그 걱정이 아무것도 아니라고 말하고 싶은 충동을 느끼게 될 것이다. 그 정도로 그들의 우려는 비합리적이기 때문이다. 그러나 6번 유형이 (당신 생각에) 개연성 없어 보이는 일로 걱정하더라도 그들의 의견을 경청하고 있다는 점을 확실히 알려야 한다. 어떨 때는 그들의 걱정을 조금 덜어주고, 그들을 벼랑 끝에서 조심스럽게 구해내야 할 때도 있을 것이다. 어떤 경우든 6번 유형의 말을 진지하게 들어주고 사소하게 취급하지 마라. 우려가 어디에서 비롯된 것인지, 정확히 무엇을 걱정하는지를 파악하라. 특히 당신과 관련된 걱정일 때는 더욱 그렇게 해야 한다. 6번 유형은 당신이 무사하기를 바라기 때문에 걱정을 드러낸다. 이들이 자신의 관심을 보여주는 방법이기도 하다.

▶ **고민을 해결할 수 있도록 도우라.** 6번 유형은 두려움과 걱정을 해결하는 과정에 당신이 함께 하기를 바란다. 또는 상황이 잘못될 때 무슨 일이 일어날지 궁금해한다. 이들이 우려를 표시하는 까닭은 모든 일이 잘못되더라도 자신이 무사하며 당신이 곁에 있으리라는 것을 확인하고 싶어서이기도 하다. 대체로 6번 유형은 자신만이 만약의 경우를 대비하는 사람이며 두려워하던 일이 실현될

때 자기만이 홀로 남게 될지도 모른다는 생각을 한다. 그들의 걱정을 처음부터 끝까지 함께 나누고 걱정이 현실이 되더라도 둘 다 무사하리라는 점을 명확한 말로 전달하라.

6번 유형을 위한 조언

내면에 품은 거짓을 떨쳐내라

개별 유형마다 내면의 허구와 동기를 깨닫지 못할 때 빠지기 쉬운 함정이 있다. 이러한 함정은 자기기만의 형태를 띠기도 한다. 이 같은 거짓에서 빠져나오려면 진실을 듣고 받아들여야 한다.

➤ **거짓: 내 자신을 믿어서는 안 된다.** ✔ **진실:** 당신이 지금까지 지켜온 본능, 의리, 관계, 결정 덕분에 현재의 위치에 서 있는 것이다. 당신은 스스로 생각하는 것보다 훨씬 더 자신이 하는 일이 무엇인지 잘 알고 있다.

➤ **거짓: 나는 항상 계획을 세워야 한다.** ✔ **진실:** 삶에는 예기치 못한 일이 일어날 때가 있다. 인간은 준비되어 있지 않을 때도 있다. 그리고 당신은 계획을 세우지 않더라도 예리한 본능이 있기 때문에 살면서 겪는 문제를 해결해나갈 수 있을 것이다.

➤ **거짓: 끝없는 두려움이 나를 지배한다.** ✔ **진실:** 당신에게는 두려움에 건강하게 대응할 수 있는 선택지가 있다. 두려움은 항상 존재할 수 있지만 두려움에 대한 최종 결정권자는 당신이다.

➤ **거짓: 나는 무사하지 못할 것이다.** ✔ **진실:** 미래의 그 무엇도 장담할 수 없지만 당신이 속한 공동체, 당신이 세워놓은 안전 체계 안에서 지금까지 무사히 살아왔다면 앞으로도 무사하리라 믿는 편이 합당하고 안전하다.

➤ **거짓: 나는 어디에도 속하지 못한다.** ✔ **진실:** 당신은 주위 사람과 공동체에 절실히 필요한 기반, 의리, 안정성을 제공한다. 어느 집단에 있든, 당신은 없어서는 안 될 존재다.

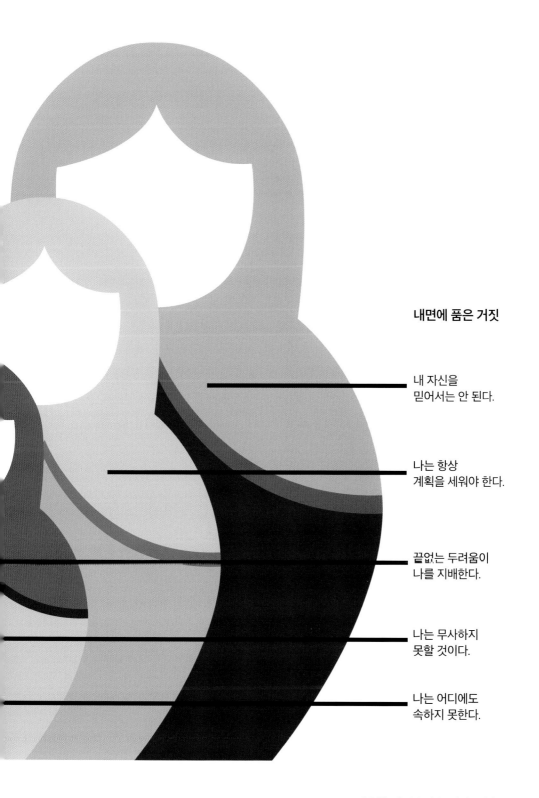

내면에 품은 거짓

내 자신을
믿어서는 안 된다.

나는 항상
계획을 세워야 한다.

끝없는 두려움이
나를 지배한다.

나는 무사하지
못할 것이다.

나는 어디에도
속하지 못한다.

6

파급 효과

당신의 행위와 성향은 스스로뿐만 아니라 많은 사람에게 영향을 준다. 그러므로 당신이 그러한 영향에 관심을 기울일 때 다른 사람에게도 더 큰 도움을 줄 수 있다.

➤ 자신과 가까운 누군가를 의심하는 것에는 합당한 이유가 있을 때도 있다. 그러나 부당한 의심은 상대에게 타격을 준다. 남들을 무작정 의심하는 것은 그 사람을 불신한다는 뜻을 전달하고 잘못된 기대치를 심어준다. 상대방이 의심할 여지를 주지 않았는데도 계속해서 의심한다면 그 사람은 당신과 신뢰를 쌓고 싶은 마음이 들지 않을 것이다. 그러한 상황이 반복되면, 관계가 나빠지고 쌍방 모두의 발전에도 안 좋은 영향을 끼치게 된다.

➤ 6번 유형 상당수가 과거에 낙담한 경험 때문에 불신을 품는다. 부적절한 기대를 품은 탓에 실망한 적도 있겠지만 그럴 만한 이유가 있어서 좌절했던 때도 있었을 것이다. 관계를 통해 얻은 상처 때문에 상대방과 거리를 두고 경계하는 편이 타당할 때도 있겠지만 과거의 사소한 상처와 실망을 근거로 그 사람을 믿지 못한다면 상대방은 물론 자신의 성장에도 좋을 것이 없다. 과거의 상처에 집착하면 상대방이 발전할 가능성을 빼앗는 셈이 되며 인생은 자기실현적 예언self-fulfilling prophecy의 연속이 될 것이다. 과거에 입은 상처와 실망을 일찍 떨쳐버릴수록 당신의 인간관계는 더 빨리 건강한 형태로 성장할 것이다.

➤ 당신은 골칫거리나 잘못될 소지가 있는 일들을 예리하게 포착하는 능력이 있다. 그처럼 예리한 안목은 자신이 속한 공동체에 긍정적으로 작용한다. 그러나 걱정을 매번 겉으로 드러내고 남탓으로 돌리면 다른 사람들과 멀어질 수밖에 없다. 당신의 말을 들어주는 사람에게 계속해서 걱정과 우려를 표현하면 그 사람은 당신의 불안감과 문제를 해결해주어야 한다는 부담을 느끼게 될 수도 있다. 타당한 우려의 제기와 불안감 투영의 차이를 깨닫기 바란다.

건강한 습관

➤ **기념품**. 6번 유형은 지평선을 끊임없이 살피며 무슨 문제가 닥칠지 노심초사하는 사람들이다. 그러므로 과거에 무슨 일이 일어났으며 자신이 어떻게 어려움을 극복했는지 매우 구체적으로 상기할 필요가 있다. 자신이 강인하고 유연하다는

사실을 되새겨야 한다. 실제로 6번 유형 중 상당수가 수많은 어려움을 극복하고 지금 그 자리에 서 있는 것이기 때문이다. 당신이 어떤 어려움을 겪었으며 어떻게 극복했는지 일깨워주는 기념품(일종의 징표나 그림처럼 벽에 걸 수 있는 것)은 미래에 겪을지도 모를 어려움을 극복하는 데 도움이 된다.

➤ **좌우명.** 비슷한 맥락에서 좌우명처럼 반복해서 되뇔 수 있는 문구를 외워두면 두려움이나 불안감에 휩싸이기보다는 이미 알고 있는 진실에 집중하고 현실을 받아들이기 쉬워진다. 이 같은 과정은 6번 유형 개개인에 따라 다른 형태로 나타날 수 있지만 진실을 담고 있는 문구를 암기해두면 두려움에 지배되지 않고 두려움을 있는 그대로 직시하는 데 도움이 된다.

6번 유형의 자기 관리

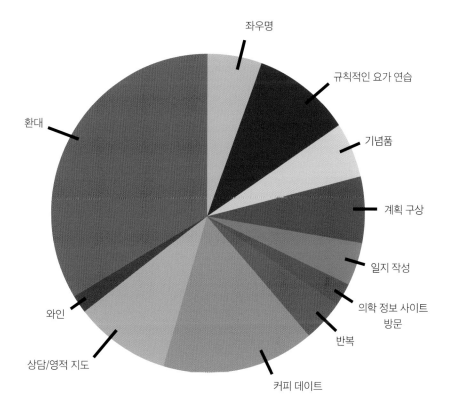

자기 점검

몸

자기 파괴/히스테리　　　　　회피/과민 반응/예측 불가　　　　　근면성실/차분/안정감

머리

비합리적/박해받는다는 느낌　　　　　불안/경계/우유부단　　　　　낙천성/안정감 조성

가슴

공황 상태/열등감　　　　　정서불안/과민증　　　　　배려/자기 감정에 솔직함

자아

수치심/자기혐오　　　　　자기 회의/동지를 찾아나섬　　　　　용기/독립성/자신감

타인

불화/호전성　　　　　수동공격성/친구 아니면 적이라는 태도　　　　　신뢰/상호의존/공동체 의식

재미로 보세요!

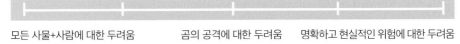

모든 사물+사람에 대한 두려움　　　　　곰의 공격에 대한 두려움　　　명확하고 현실적인 위험에 대한 두려움

➤ **자기 점검.** 두려움을 느낄 때 스스로에게 어려운 질문을 던져서 자신의 생각에 이의를 제기하고 제동을 걸어보라. 반응하기 전에 반추하는 습관을 들이는 것이다. 위험신호가 켜질 때 '저 신호가 진짜일까? 실제로 문제가 발생할 가능성이 있을까? 내가 굳이 앞장서서 문제를 바로잡아야 할까?' 같은 질문을 던지고 답을 생각하면 걱정과 최악의 상황에 대한 상상을 멈출 수 있다. 게다가 이 같은 질문은 두려움과 걱정에 좌우되는 삶에서 벗어나 자신이 무엇을 두려워하고 우려하는지 고찰하도록 유도한다.

깨달음

6번 유형의 깨달음은 여러 가지 형태로 이루어진다. 자기 자신이나 사랑하는 사람에게 예상하지 못한 불운이 닥치면서 깨달음을 얻을 수도 있다. 아니면 가능한 한 모든 예방 조치를 취했음에도 문제가 발생할 때 깨달음이 이루어지기도 한다. 불안감에 과도하게 사로잡혀 그러한 불안감을 남들에게 자꾸만 표현하다가 가까운 사람들이 모두 떠나버리는 상황에서 깨달음이 올 수도 있다. 어느 경우나 자신이 두려움에 휘둘린다는 사실을 뼈저리게 인식하는 일이 필요하다. 끊임없이 경계한다고 해서 세상을 구할 수는 없다. 때로는 자신이 좋아하는 사람들에게 매달리다가 오히려 그 사람들과 멀어지기도 한다. 당신이 대비하든 아니든 삶은 고난의 연속이다. 그러나 다행히도 삶은 기회의 연속이기도 하다. 삶은 극단적인 깨달음 없이도 교훈을 얻을 수 있는 작은 단서들로 넘쳐난다. 신뢰는 아주 작은 행동에서 비롯된다. 과거에 당신이 두려워하는 일이 발생했지만 예상과 달리 무사히 빠져나올 수 있었다면 다시 비슷한 일이 닥쳤을 때도 그렇게 할 수 있다. 두려움과 더불어 가장 참된 형태의 용기를 발휘할 수 있는 기회(당신이 무서워하는 바로 그 일을 할 기회)도 찾아온다. 6번 유형은 여정을 이어가는 동안 다른 사람이 용기를 찾도록 도와줄 수 있는 사람들이다. 용기를 내면 낼수록 당신이 그토록 원하던 안전을 확보하고 사랑하는 사람들에게 안전장치 역할을 할 수 있는 가능성도 커진다. 중심을 잡고 든든한 토대에 서서 남을 돕는 데 6번 유형 특유의 '초능력'을 활용한다면 세상을 구할 수도 있을 것이다. 6번 유형은 과거에도 인생의 풍파를 이겨냈으며 앞으로도 이겨낼 능력이 있다.

6

열정적인 사람
낙천주의자
쾌락주의자

출 구

에니어그램 7번 유형은 열정적인 사람, 낙천주의자, 쾌락주의자 등으로 알려져 있다. 겉으로 보기에 7번 유형은 파티의 주인공이므로 이들과 알고 지내면서 친하게 어울리고 싶어 하는 사람이 많다. 이들은 유쾌하고 재미있으며 거리낌 없고 경쾌한 사람들이다. 이들은 기쁨을 주고 긍정적인 기운을 내뿜는다. 언제든 모험할 준비가 되어 있으며 항상 움직인다. 정서적으로 건강할 때는 좌중을 휘어잡는 이야기꾼이고 호기심이 풍부하며 자연스럽고 낙천적이며 사려 깊으며 열정적이고 활기 넘치며 적극적이다.

놀랍게도 7번 유형은 사실 머리 중심 유형에 속한다. 이들은 머리로 활동한다. 매 순간 자신의 즐거움을 극대화할 방법을 끊임없이 생각하고 계획하기 때문이다. 7번 유형의 머리를 열어보는 것이 가능하다면 이들이 머릿속에 끊임없이 정보를 받아들이고 익히며 분석하고 처리하는 모습을 확인할 수 있을지도 모른다. 친하게 지내는 7번 유형에게 지금 무슨 생각을 하냐고 물어보면 당신을 그 누구도 상상하지 못했던 마법 같은 세계로 이끌 것이다. 7번 유형의 도전과제는 모든 두뇌 활동을 관심 분야에 집중하고 모든 지식을 남들에게 도움을 주는 지혜로 전환하는 것이다.

그러나 이들은 그저 생각하고 계획하며 상상하는 데 그치지 않는다. 7번 유형은 추론의 달인이며 타고난 이야기꾼이다. 특히 관점 재구성mental reframing에 능하다. 사물을 다른 관점으로 바라봄으로써 부정적인 상황을 긍정적으로 전환할 수 있다는 이야기다. 이 같은 재구성 능력은 초인적인 힘을 발휘할 수 있다. 공익에 도움이 되기도 하지만 매우 파괴적인 일에 이용될 수도 있다. 지루하고 재미없는 과제도 7번 유형에게 맡기면 사람들의 관심을 끄는 흥미로운 주제가 된다. 그러나 고통 회피 유형인 이들은 인생의 불가피한 고통을 회피하기 위해 재구성과 합리화를 이용하기도 한다.

7번 유형은 인생 여정의 어느 시점에든 고통이 삶의 일부이며 고통을 위한 공간을 마련해두어야 한다는 사실을 깨달아야 한다. 고통은 관점 재구성만으로는 해결되지 않는다. 직접 체험해야 한다. 7번 유형 중에서도 진짜 고통을 체험하고 나서 절제되고 충족된 사람으로 탈바꿈한 사람과 고통과 괴로움에 부딪혀 본 적 없는 사람은 쉽게 구분이 된다. 7번 유형은 고통의 공간을 마련해두더라도 특유의 유쾌함을 잃는 법이 없으며, 차분하고 평온한 면모까지 갖추게 된다.

7번 유형의 세계

7번 유형만 사는 세상은 일정한 형태가 없는 놀이터처럼 가능성과 느낌표로 충만한 곳일 것이다. 그곳에서는 모두가 농담하고 계획을 세우며 가능한 한 많은 재미를 느끼려고 할 것이다. 당연히도 날마다 요란한 축제 분위기가 펼쳐질 것이다. 그러나 그 같은 축제 분위기는 정서적인 공허감과 정말로 기분 좋은 사람이 없다는 사실을 감추기 위해 연출될 가능성이 크다. 멋지고 거창한 아이디어가 한도 끝도 없이 이어지겠지만 실제로 실행에 옮겨지는 일은 거의 없을 것이다. 변화를 선호하는 세상이라 사람들이 해마다 직업을 바꾸고 가장 긴 이력서가 최고의 이력서로 간주될 가능성이 크다. 사람들은 격정적이고 소모적인 삶을 살 것이다.

동기 부여 요소

7번 유형이 열정적인 사람이나 낙천주의자로 불리는 데는 그럴 만한 이유가 있다. 이들은 행복해지고 싶고 만족하고 싶어 한다. 즐거움을 원동력으로 삼으며 인생을 즐기고 새로운 것을 시도하며 권태로움을 피하려고 한다.

이 같은 동기는 7번 유형 스스로도 깨닫고 있으며, 가까운 사람들도 쉽게 느낄 수 있는 것들이다. 그러나 7번 유형은 그보다 훨씬 더 많은 동기를 내면에 감춰두고 있다. 이들이 끊임없이 움직이는 까닭은 한 곳에 얽매이기 싫어서다. 이들은 선택의 여지를 남겨두고 싶어 하며, 갇힐지도 모른다는 두려움을 떨쳐내려고 행동한다. 또한 7번 유형은 내면의 불안에서 탈출하려 하며, 모든 형태의 고통을 두려워한다. 고통을 겪는 것도, 남에게 가하는 것도, 보는 것도 끔찍해한다.

그림자 측면

7번 유형의 그림자 측면은 뿌리 깊은 두려움이다. 두려움은 안정, 자족감, 틀에 박힌 일과, 행복, 안주하는 삶에 대한 두려움 등 여러 가지 형태로 나타날 수 있다. 그러나 본질적으로 그 같은 두려움은 가면이며 그 이면에는 고통에 대한 극심한 두려움이 존재한다. 7번 유형은 고통을 피하기 위해 대응 기제를 구축하고 생활화한다.

이들은 내면의 공허함을 채우기 위해 몸과 마음을 마비시키고 짜릿함을 끊임없이 추구하는데 그러한 욕구를 채우고 고통을 피하기 위해 지나치게 열심히 일하기도 한다. 7번 유형은 중독 성향이 있어서 과식, 과소비, 과도한 파티, 과음, 운동 중독에 빠지기 쉬우며 지나치게 빡빡한 일정을 잡는 경향이 있다. 이처럼 무절제한 행동은 극심한 탐닉으로 이어져 약물 남용, 재정 파산, 극도의 불안을 불러올 수 있다.

7번 유형의 통합과 분열

우리가 통합이나 분열 상태일 때 다른 유형에 가까워지는 까닭은 우리 스스로 얻을 수 없는 특징을 해당 유형에서 취할 필요가 있기 때문이다. 7번 유형이 통합 상태로 나아갈 때 5번 유형에 가까워지는 까닭도 그 때문일 것이다. 5번 유형의 장점은 절제다. 7번 유형은 완전히 통합될 때 무절제와 절제,

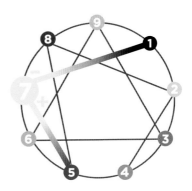

기쁨과 슬픔, 밖으로 돌아다니기와 집에 머물기 사이에서 균형을 찾을 수 있다. 5번 유형으로 향하는 통합 상태일 때 7번 유형은 몸과 마음을 이완하고 현재의 경험에 충실해질 수 있다. 통합 상태일 때 7번 유형은 차분해지고 창의력을 발휘하며 자신의 복잡한 내면을 살펴보는 여유를 갖게 된다.

반면에 분열 상태의 7번 유형은 1번 유형의 건강하지 못한 특징 몇 가지를 보인다. 이들은 대놓고 화내고 비판하게 된다. 남들에게 관심을 집중하고 그들을 비난하는 식으로 자기 세계에서 탈출하려고 할 때도 있다. 건강하지 못한 7번 유형은 사사건건 간섭하고 완고해지며 타협을 모르며 남의 흠을 잡고 늘어지는 사람으로 바뀔 수 있다. 자신의 욕구를 인식하기보다 외부로 시선을 돌리고 다른 사람들과 체제에 분열을 일으키면서 스스로는 '정당'한 일을 했다고 생각할 수도 있다.

7번 유형 대부분은 분열이 내면의 불안에서 비롯된다는 것을 잘 안다. 그래서 이들은 질서를 세움으로써 내면세계에서 빠져나오려고 애쓴다. 이를테면 내면의 혼란을 느끼지 않기 위해 목록을 만들거나 외부 세계를 강박적으로 쓸고 닦는 것이다. 오랫동안 분열 상태에 있었던 7번 유형은 표면적인 관계만 맺는 경향이 있다. 관계가 조금만 깊어져도 '현실'이 되고 고통을 초래할 수 있다고 보기 때문이다.

경고 신호

| 타협 불가능 | 타인에 대한 비판/집착 | 세부사항에 대한 강박 | 어린아이 같은 행동 |
| 사사건건 간섭함 | 타인을 탓함 | 동기 부족 | 지나친 탐닉 |

7번 유형 심층 탐구

에니어 사전: 알아두면 유용한 7번 유형의 언어

➤ **비상구**Escape Hatch: 7번 유형은 어떤 상황에서든 비상구를 마련해두려고 한다.
앞서 생각하는 경향이 강하고 항상 앞으로 무엇을 할지 상상한다. 이러한
비상구에는 실제 출입구뿐만 아니라 자신의 머릿속으로 탈출하는 수단도
포함된다. 이들은 몽상 속에서 자유를 느끼기 때문이다. 7번 유형은 갇힌 느낌을
싫어하므로 탈출구는 내면의 욕구를 해소하려는 대응 기제라 할 수 있다.

➤ **재구성**Reframing: 7번 유형은 슬프거나 심각하거나 부정적인 상황도 잘
받아들이며, 그 같은 상황을 좀 더 긍정적인 방향으로 재구성하는 일에 도가
튼 사람들이다. 이들은 거의 습관적으로 상황을 재구성하고 그 안에서 희망의
조짐을 찾는다. 재구성은 의식적으로도, 무의식적으로도 일어난다.

➤ **놓칠지도 모른다는 두려움**fear of missing out**(FOMO):** 7번 유형만큼 놓치거나
제외될지도 모른다는 두려움을 강하게 느끼는 유형은 없다. 이들은
얼리어답터이기도 하며, 무엇이든 전부 시도해보고 싶어 한다. 그러므로
이들에게는 지금 이 순간에 충실하고 한 곳에 안주하는 것이 쉽지 않다.

하위 유형

➤ **사회적 본능(SO)의 7번 유형:** SO 7번 유형은 역유형이다. 7번의 다른 하위
유형에 비해 너그럽고 서비스 지향적이며 절제된 행동을 한다는 뜻이다. 이들은
이기적인 사람으로 비춰지지 않기 위해 자기 욕구를 희생하며, 남들에게
봉사하는 일에 치중한다. 사회적으로 책임감 있으며 너그럽고 타인의 고통을
덜어주기 위해 자신의 욕구를 단념한다. 이기주의를 비판한다. SO 7번 유형은
행동 양식 면에서 2번 유형과 매우 흡사하다.

➤ **자기 보존 본능(SP)의 7번 유형:** SP 7번 유형은 인맥 쌓기의 달인이며 모두에게
최선을 다하려 한다. 이들은 매우 현실적이며 이야기하기를 좋아하고 상냥하며
원하는 것을 쉽게 얻어낸다. 자기에게 우호적인 사람들로 긴밀한 공동체를
형성한다. SP 7번 유형은 기회주의적이고 이기적이며 쾌락을 추구한다. 그뿐만
아니라 자신의 행동이나 욕구를 정당화하고 방어하는 일에도 능숙하다.

➤ **성적 본능(SX)의 7번 유형**: SX 7번 유형은 몽상가이며 이상주의자이자 낭만주의자다. 이들은 현재의 일상보다 더 나은 삶을 꿈꾼다. 긍정적인 시선으로 세상을 바라보며 모든 사물에서 가능성을 찾는다. 때로는 사물을 있는 그대로 인식하기보다는 바뀔 가능성이 있는 형태나 자신이 상상하는 형태로 인식하기도 한다. 이들은 예측 가능한 것을 싫어하며 낙관적인 태도 때문에 비현실적이거나 지나치게 순진해보이는 경향이 있다.

날개

6번 날개가 있는 7번 유형(7w6)은 흥미롭게도 '낙관주의'와 '비관주의'의 결합체다. 이들은 책임감 있고 천진난만하며 장난스럽고 관계 지향적이며 걱정이 많고 사교적인 경향이 있다. 다른 7번 유형에 비해 타인 지향적이고 의리에 얽매인다.

8번 날개가 있는 7번(7w8)은 그야말로 특이한 유형이다. 공격 성향인 두 유형의 결합체로서 다른 7번 유형에 비해 모험을 좋아하고 강인하며 의욕적이고 진지하며 창의적이고 민첩하며 과감하다. 우리 친구이며 7w8인 브랜던은 자신이 '7.5번 유형'이라고 말한다. 8번에 가까운 7번 유형이라는 이야기다. 이들은 본질적으로는 7번이지만 8번처럼 의리 있고 맹렬하며 사람들을 보호하려는 의지가 강하다.

중심 유형

머리 중심 유형에 속하는 7번 유형은 머리로 정보를 받아들여 분석한다. 머리 중심 유형은 두려움 중심 유형으로도 불린다. 머리 중심 유형에 속한 3가지 유형이 두려움을 원동력으로 삼기 때문이다. 7번 유형은 항상 두려움을 합리화하는 식으로 대응한다. 이들은 낙관주의자로 알려져 있지만 좀 더 정확히 이해하자면 7번 유형의 낙관주의는 이들이 세상사에 대처하기 위해 형성한 대응 기제다.

성향

7번 유형은 공격 성향에 속한다. 외부 지향적이면서도 남들에게 대항하고 자신의 욕구를 적극적으로(심지어 공격적으로) 밝히고 충족한다. 이들은 자신이 무엇을 원하는지, 어디에 가고 싶은지를 잘 알며 그곳으로 간다. 그 과정에서 그 어떤 사물이나 사람의 방해도 허용하지 않는다. 공격 성향 유형은 현재나 과거보다 미래를 중시하며 스스로 미래를 준비하지 않으면 미래에 아무것도 실현되지 않는다고 생각한다. 7번 유형의 정신 공간은 대부분 미래와 다음에 할 일에 할애되어 있다.

7번 유형은 이상을 매우 중시하며 심지어 자신의 욕구나 욕망과 혼동하기도 한다. 이들은 이상과 욕구, 욕망을 동등하게 대우하며 집요하게 추구한다. 각각을 구분하거나 한 가지를 우선적으로 추구하지 못하며 자신에게 필요한 것이 채워질 때까지 이 세 가지를 모두 뒤쫓는다.

7번 유형은 자신의 감정에 충실해지지 못하는 경향이 있다. 그 때문에 이들에게는 '감정 억압적'이라는 꼬리표가 붙는다. 이들은 느끼기보다 행동하고 사색하는 일이 더 많으며 대체로 감정을 무시한다. 살면서 감정을 즉각 느끼지 못하다보니 다른 사람의 감정을 헤아릴 여유도 없는 편이다. 고의로 타인의 감정을 무시해서라기보다는 그저 감정 자체를 중시하지 않기 때문이다. 7번 유형은 다른 사람에 대한 감정을 메모, 선물, 글을 통해 간접적으로 표현하는 일이 많다.

잃어버린 고리들

다음은 7번 유형의 '잃어버린 고리들'이다.

> ➤ **7번과 2번**: 2번과 7번은 세상을 향해 열려 있는 유형이다. 이들은 어린아이처럼 천진난만한 행동을 보인다. 7번 유형은 밝고 재미를 추구하는 성향을 보이고, 2번 유형은 인간관계에서 어린아이처럼 의존하는 성향을 보인다.

두 유형 모두 소외에 대한 두려움이 크며 자기에게 필요한 사회적 경험을 취사선택하는 능력이 있다.

▶ **7번과 3번:** 3번과 7번 모두 공격 성향답게 미래 지향적이다. 이들은 전체적인 상황을 중시하며, 현재의 세부사항보다는 미래의 결과에 초점을 맞춘다.

▶ **7번과 4번:** 7번과 4번은 언뜻 보기에는 정반대이지만 둘 다 결핍을 원동력으로 삼는다. 그저 대응 방식이 다를 뿐이다. 두 유형 모두 이야기에 큰 흥미를 느끼며 "전혀 신경 쓰지 않아"라는 태도를 지닌다. 이러한 특징만 보더라도 이들이 어떤 감정이나 미적 외관을 위해 외부에 보이는 분위기를 만들어낼 수 있으며 숭고한 것뿐만 아니라 세속적인 것도 즐기는 사람들임을 알 수 있다.

▶ **7번과 9번:** 9번과 7번은 언뜻 보기에는 공통점이 많지 않지만 둘 다 극도로 고통을 회피한다는 점에서 비슷하다. 두 유형 모두 유쾌하고 재미를 추구하며 너그럽고 변화무쌍하며 적응력이 뛰어난데다 언제라도 대세를 따를 준비가 되어 있다. 둘 다 산만하거나 주의력이 부족해 보일 수 있다.

7번 유형을 사랑한다면

이제까지 살면서 7번 유형을 몇 명쯤은 만난 적이 있을 것이다. 7번 유형을 사랑하는 사람은 다음 사항을 염두에 두어야 한다.

▶ **세부적인 것보다 전반적인 구상이 우선이다.** 7번 유형이 당신에게 새로운 아이디어를 제시하면 우선 그들에게서 전체 아이디어부터 들어보고 그런 다음에 세부사항을 공략하라. 성급히 결론 짓거나 구체적인 실행 방안을 캐묻지 마라. 7번 유형은 이미 아이디어가 실현된 미래를 상상하고 있기 때문에 초안의 오타나 실수에 신경 쓰지 않는다. 당신이 섣불리 그 오류를 지적하다가는 이들의 의욕을 떨어뜨릴 수 있다.

▶ **꿈을 꿀 수 있도록 안전한 공간을 마련해주라.** 7번 유형이 상상의 나래를 펼치도록 도와주라. 이들은 자기가 새로 품은 이상에 대해 말할 때 큰 기쁨을 느낀다. 그러므로 그들의 이상을 폄하하지 말고 그 대신 "그 꿈이 실현되면 어떻게 될까?"나 "미래의 세상은 어떤 모습일까?"와 같이 그들이 대답할 수 있는 질문을 하라.

➤ **파티의 주인공으로만 대하지 마라.** 7번 유형에게 시도 때도 없이 파티의 주인공이 되어달라고 부탁하는 것을 삼가라. 그 대신 그들이 그러한 역할을 하고 싶어 할 때 그 의견을 존중하라. 당신과 당신이 사랑하는 7번 유형과의 관계를 돌이켜보라. 당신은 그들이 과중한 사회적 부담을 떠안기를 원하는가? 그들이 자꾸만 자신의 (그리고 당신의) 불안을 재구성하기를 바라는가?

➤ **7번 유형은 남들과 다를 뿐이지 부족한 사람들이 아니다.** 그들이 당신과 지속적으로 대화하지 않는다고 해서 그들이 당신을 사랑하지 않는다고 받아들이지 마라. 7번 유형은 자신의 감정에 충실해지는 것을 어려워하지만 그렇다고 해서 그들에게 감정이 없는 것은 아님을 명심하라. 7번 유형이 당신에게 감정을 간접적으로 전달할 수 있는 방법을 찾아보라.

7번 유형을 진정으로 사랑한다면 그들에게 공간, 격려, 사회적 에너지를 제공해야 한다는 점을 잊지 말자. 그래야만 그들은 그 모든 복잡한 두려움 속에서도 정체성을 찾을 수 있을 것이다.

7번 유형을 위한 조언

내면에 품은 거짓을 떨쳐내라

7번 유형이 인식하고 떨쳐버려야 할 가장 중요한 거짓은 자신이 지닌 것이 충분치 않으며 앞으로도 충분히 지닐 수 없으리라는 생각이다. 이 같은 기만이 머리를 들기 시작할 때마다 다음과 같은 진실을 명심하고 질문을 던져보라.

➤ **거짓: 현재에 안주하거나 만족하거나 안정된 상태를 추구하는 것은 바람직하지 못하다.** ✓ 진실: 당신의 영리한 두뇌를 이용하여 그 같은 거짓을 재구성하라. 당신에게 잘 맞는 일과나 습관을 찾아보는 것도 좋을 것이다. 또는 함께 있으면 모든 수렁에서 벗어날 수 있을 것만 같은 사람을 만날 수도 있을 것이다. 당신은

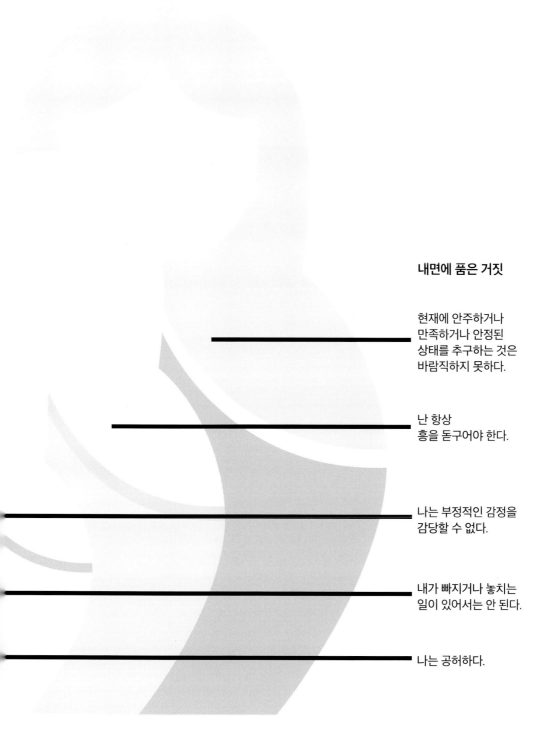

내면에 품은 거짓

현재에 안주하거나
만족하거나 안정된
상태를 추구하는 것은
바람직하지 못하다.

난 항상
흥을 돋구어야 한다.

나는 부정적인 감정을
감당할 수 없다.

내가 빠지거나 놓치는
일이 있어서는 안 된다.

나는 공허하다.

안정된 삶에서 평안과 평온을 얻을 수 있다.

➤ **거짓: 난 항상 흥을 돋구어야 한다.** ✔ 진실: 그 같은 거짓은 어디에서부터 시작되었는지 생각해보자. 자신이 별 볼 일 없는 사람이며 흥을 돋구는 것 말고는 달리 기여할 일이 없다는 내면의 소리에서 벗어나야 한다. 다른 사람의 기대를 항상 충족시킬 필요는 없다.

➤ **거짓: 나는 부정적인 감정을 감당할 수 없다.** ✔ 진실: 공격 성향에 속하는 당신은 전반적으로 감정을 최소한도로 느끼는 경향이 있으며, 감정 중에 긍정적인 것과 부정적인 것이 따로 있다는 생각은 착각에 불과하다. 모든 감정은 건강하다. 우리는 그 모든 감정을 지각하는 방법을 터득해야 한다. 슬픔처럼 어두운 감정을 피하지 말고 충분히 경험해야 한다.

➤ **거짓: 내가 빠지거나 놓치는 일이 있어서는 안 된다.** ✔ 진실: 사실 FOMO는 불안감이 극도로 높아진 상태일 뿐이다. 놓치면 큰일 난다는 거짓이 엄습할 때마다 잠깐 시간을 내어 가족이나 친구, 일 또는 안전이나 건강 같은 자신이 삶에서 중요하게 생각하는 대상을 떠올려보라. 당신이 진정 '놓치는' 것을 두려워해야 할 대상은 바로 그런 것들이다. 고작 파티나 행사 한 번 놓친다고 해서 큰일이 생기지는 않는다.

➤ **거짓: 나는 공허하다.** ✔ 진실: 당신은 전혀 공허하지 않으며, 오히려 넘치도록 충만한 상태다. 당신의 뛰어난 두뇌에는 풍부한 아이디어와 이상, 삶에 대한 열정으로 가득하며, 남들도 그러한 당신을 부러워한다.

파급 효과

당신이 세상에서 행동하는 방식은 다른 사람에게 영향을 끼친다. 남들이 대놓고 말하지 않아도, 당신 생각에 중요하지 않은 것 같아도, 세상에 홀로 남더라도 당신의 존재는 중요하며 다른 사람들에게 파급 효과를 끼친다. 7번 유형인 당신은 다른 사람에 비해 이러한 파급 효과를 외면하는 경향이 있다.

➤ 다른 사람을 소중하게 여기지 않고 쓸모없다는 식으로 대하는 것은 당신이 그들을 일회용품 정도로 여긴다는 느낌을 준다.

➤ 현실을 도피하기 위해 탐닉 행위에 굴복할 때마다 좌절의 구렁텅이로 더 깊이

떨어진다는 사실을 잊지 마라. 현실에서 멀어지는 한 현실에 만족하기란 더더욱 어려워지게 마련이다.

➤ 일이든 사람이든 금세 포기하고 오래 같이 하지 않음으로써 표면적으로만 접근하고 본질에 다가가지 못하는 것은 그 일이나 사람을 중요하게 생각하지 않는다는 뜻이다. 주위 사람들에게 꾸준히 헌신하는 태도를 잃지 마라.

건강한 습관

➤ **고독.** 7번 유형은 혼자 있고 싶어 하지 않는 경향이 있지만 나이가 들고 현명해진 7번 유형들의 말에 따르면 혼자 있는 시간을 마련하고 그것을 지키는 것이 통합의 비결이라고 한다. 일단 매일 짧은 시간을 정해 혼자 지내는 것부터 시작하다가 매주 그 시간을 점점 더 늘려 나가라.

7번 유형의 자기 관리

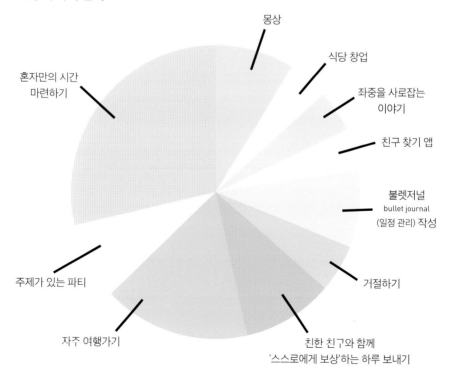

몽상

식당 창업

좌중을 사로잡는 이야기

친구 찾기 앱

불렛저널
bullet journal
(일정 관리) 작성

거절하기

친한 친구와 함께
'스스로에게 보상'하는 하루 보내기

자주 여행가기

주제가 있는 파티

혼자만의 시간 마련하기

자기 점검

몸

에너지 고갈   폭음과 폭식/끊임없는 동작(지나치게 다양한 활동)   명랑/원기왕성

머리

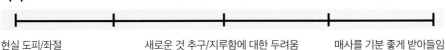

현실 도피/좌절   새로운 것 추구/지루함에 대한 두려움   매사를 기분 좋게 받아들임

가슴

예측 불가능한 기분 변동   욕구와 욕망을 인식하지 못함   감사하는 태도/기쁨/발랄

자아

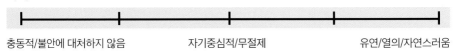

충동적/불안에 대처하지 않음   자기중심적/무절제   유연/열의/자연스러움

타인

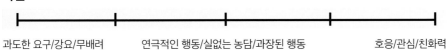

과도한 요구/강요/무배려   연극적인 행동/실없는 농담/과장된 행동   호응/관심/친화력

해야 할 일

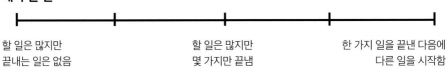

할 일은 많지만
끝내는 일은 없음   할 일은 많지만
몇 가지만 끝냄   한 가지 일을 끝낸 다음에
다른 일을 시작함

➤ **경탄.** 원기왕성하고 잠시도 가만히 있지 못하는 7번 유형이 느긋해지기란 쉽지 않은 일이다. 그러나 7번 유형은 세상에 어린아이처럼 접근하는 능력을 타고 났으며, 그 덕분에 경탄을 느끼기도 쉽다. 미래에 생기를 불어넣어줄 일이 무엇인지 찾기보다 현재 무엇이 바람직하고 생기를 불어넣어주는지 찾는다. 경탄은 미래의 멋진 순간이 아닌 지금 이 순간에 대한 탐구다.

➤ **금욕과 희생.** 탐닉과 이벤트에 이끌리기 쉬운 7번 유형에게 금욕이란 만만치 않은 도전과제다. 금욕은 당신이 갖가지 유혹에 중독되지 않도록 도와준다. 어떤 형태로든 금욕을 통해 탐닉하는 평소 습관에 대응하라. 금욕이 처음이라면 당신이 사랑하는 사람을 위해 무엇인가를 포기하는 일부터 시작하라. 희생의 목적을 설정하라.

➤ **자기 성향에 질문 던지기.** 1주일 동안 당신이 분위기를 띄운 모든 순간을 목록으로 작성해보라. 그런 다음에 스스로에게 이런 질문을 던져보라. 분위기를 띄운 이유는 무엇인가? 어떤 대가를 치렀는가? 파티의 주인공처럼 행동함으로써 당신이 남들에게 알리지 않으려고 하거나 스스로 회피하려고 하는 진실은 무엇인가? 그 같은 목록 작성을 통해 당신의 반응을 점검해보라.

깨달음

7번 유형의 깨달음은 피할 수 없는 고통스러운 경험과 함께 찾아오는 경향이 있다. 고통이 삶의 일부라는 사실을 받아들이고 고통의 공간을 마련해두어야 한다. 고민 상담 전문가의 조언에 따르면 고통에 대응하는 방법은 고통이라는 구름을 직접 헤쳐나오는 것밖에 없다. 7번 유형은 살면서 겪게 마련인 어두운 시기에 있을 때 그 같은 조언을 명심해야 한다. 길을 잃는 일 없이 어둠의 한복판을 뚫고 나오는 데 도움이 되는 능력을 개발해야 한다. 고통을 회피하거나 재구성하려 해서는 안 된다. 그런 일은 가능하지 않다. 삶이라는 여정을 걷다가 어느 순간에 고통이 삶의 일부라는 진실을 깨닫게 될 것이다. 고통은 직접 경험해야 할 일이지 관점 재구성으로 해결되는 일이 아니다. 고통을 정말로 체험한 끝에 냉철하고도 만족스러운 모습으로 변화한 7번 유형과 아직까지 고통과 괴로움에 대응하지 못한 7번 유형의 차이는 무척 크다. 고통의 공간을 마련한 7번 유형은 특유의 유쾌하고 활발한 특징을 그대로 보이면서도 차분하고 평안한 모습까지 갖추게 된다.

도전하는 사람
보호자
옹호자

에니어그램 8번 유형은 도전하는 사람, 보호자, 옹호자로 알려져 있다. 이들은 강인하고 자기주장이 강하며 원기왕성하고 솔직하며 다재다능하고 진지하다. 떠들썩하고 강렬한 존재감을 자랑하는 이들을 못 보고 지나치기란 불가능하다. 이처럼 강렬한 개성 때문에 사람들은 8번 유형에게 지도자를 맡기려 하고 8번 유형 스스로도 지도자 역할을 자처하는 경향이 있다. 8번 유형은 다른 유형에 비해 강력하고 유능한 권력 기관을 크게 신뢰한다. 8번 유형은 어떤 장소에 등장하자마자 사회적 역학 관계를 간파한다. 이들은 실제로 영향력을 발휘하는 사람이 누구이며 허울뿐인 지도자가 누구인지, 누가 발붙일 데를 찾아 헤매고 있으며 누가 소외감을 느끼는지 파악할 수 있다. 8번 유형은 정의를 중요하게 여기며 스스로를 보호할 능력이 없는 사람의 입장을 대변해줄 뿐만 아니라 자신과 남들을 부패하거나 무능한 권력의 손아귀로부터 보호하는 사람들이다.

이처럼 초인적인 힘을 지니기는 했지만 여기에는 부정적인 측면도 따른다. 8번 유형은 하는 일마다 강력한 권위와 영향력을 발휘하는 만큼 자신의 약점이 노출되고 악용되는 경우에는 그 누구의 접근도 허용하지 않으려 한다. 이들은 강해 보이는 인상, 말 끊기, 숨겨진 본질을 명확하게 간파하는 능력을 통해 남들의 접근을 차단하는 일을 어렵지 않게 해낸다. 타인의 무능하고 믿음직스럽지 못하며 약한 면을 민감하게 탐지해내는 능력도 있다. 8번 유형은 남들의 부적합함을 감지해내고 무슨 수를 써서라도 그처럼 부적합한 사람의 통제를 받지 않으려고 한다. 그런데 결함이나 숨기고 싶은 과거가 없는 사람은 없기 때문에 8번 유형은 냉소적이고 인간관계를 믿지 못하거나 고립되는 일이 많다. 본질을 꿰뚫어보는 능력이 항상 축복인 것만은 아니다.

8번 유형의 세계

생각이 늘 명확한 8번 유형만 사는 세상은 매우 효율적으로 돌아갈 것이다. 모두가 솔직하고 외교적일 것이므로 상호 교류도 더 활발해질 가능성이 크다. 다른 사람이 무슨 생각을 하는지 골머리를 썩을 필요가 없어서 시간이 절약되고 스트레스가 줄어들 것이다. 의사소통이 솔직하게 이루어질 테고 갈등은 오래 지속되지 않을 것이다. 세상은 긍정적으로든 부정적으로든 훨씬 더 치열하면서도 정서 표현이 덜하고 표면적인 배려만 있는 사람들로 넘쳐날 가능성이 크다. 모두가 여왕벌 노릇을 하기 때문에 끝까지 실행되는 일이 없으며, 다른 사람의 권위를 인정하지 않기 때문에 일벌 역할을 자청하는 사람들은 없을 것이다. 이러한 세상에서는 사람들이 모두 권위자 행세를 하기 때문에 혼란이 발생할 수밖에 없다.

동기 부여 요소

8번 유형은 강인해지고 싶고 천하무적으로 보이고 싶다는 강박 속에서 산다. 8번 유형만큼 자율을 중시하는 유형은 없다. 이들은 어떤 상황에서든 다른 사람을 신뢰하지 않을 구실을 찾는다. 남에게 이용당하거나 남의 처분에 휘둘리지 않기 위해 주위에 견고한 방어벽을 쌓아 대비한다. 최악의 일이 닥칠 때 허를 찔리거나 손해를 직접 부담하고 싶지 않아 한다. 8번 유형은 본능적으로 자신과 자신이 사랑하는 사람을 해악에서 보호하기 위해 최선을 다한다. 그 결과 이들은 다재다능하고 적극적이며 책임감 있는 사람이 된다. 8번 유형이 무엇이든 좌지우지한다는 오해가 흔한데 사실 이들은 어떤 식으로든 그 누구의 통제도 받지 않는 것을 가장 큰 동기로 삼는다. 남들에게 통제력을 뻗치는 까닭도 다른 사람의 통제를 받지 않기 위해서일 때가 많다.

그림자 측면

8번 유형은 자기를 통제하려 들지 않고 자유를 제공하며 자기가 하고 싶은 대로 하도록 허용하는 사람을 최고의 사랑을 주는 사람으로 착각하곤 한다. 이들은 자기를 강인하게 봐주고 자신의 권한과 책무를 신임하며 자기가 내린 결정에 남들의 지지를 이끌어내는 것이야말로 다른 사람이 자기에게 해줄 수 있는 최선의 일이라고 생각하는 경향이 있다. 모두 문제될 것이 없는 행위이며 특히 8번 유형에게는 의미 있는 일이다. 그러나 이를 목표를 달성하는 수단이 아니라 목표로 삼을 경우, 8번 유형은 진정으로 존경받거나 칭송받는 사람이 되지 못한다.

그 같은 강박과 무의식적인 동기 때문에 이들은 자기도 모르는 사이에 주위에 장벽을 쌓는 일이 많다. 이들의 장벽은 자신이 약점으로 인식하는 것에 대한 반감, 남에 대한 불신, 자기 안전을 직접 관리하고자 하는 욕구, 생존을 유지하는 수단은 완벽한 방어 요새뿐이라는 믿음 등 다양한 형태로 나타난다.

8번 유형의 '죄악'과 단점은 탐욕이다. 일반적으로 탐욕은 성적인 함의를 담고 있지만 8번 유형의 탐욕은 훨씬 더 다양한 형태로 나타난다. 이들의 탐욕은 점점 더 강력해지고 싶다는 욕구나 자기가 원하는 수준으로 에너지 넘치는 삶을 영위하려는 필요성 등으로 발현될 수도 있다. 일반적으로 에너지나 관계에서의 자극 측면에서 8번 유형의 기대치에 부합하는 사람은 드물다. 8번 유형은 에너지가 차고 넘치게 많으며 감정을 몸으로 느낀다. 그러한 특성 탓에 이들은 잠시도 쉬지 못하며 평범한 삶에 끊임없이 불만을 품는다. 8번 유형이 흥미를 느끼는 일은 열띤 논쟁이나 아드레날린이 치솟을 만큼 매우 위험한 신체 활동이다. 이 모든 특성 탓에 8번 유형은 남들을 제압하고 주눅 들게 만들 뿐 아니라 평소에 남들이 자기 밑에 있다는 식으로 말하거나 자신의 강력한 기준에 미치지 못하는 사람을 쓸모없다고 치부해버리는 경향이 있다.

8번 유형의 통합과 분열

8번 유형은 스트레스나 분열 상태에 있을 때 5번 유형의 특징을 보인다. 민첩하고 대담하고 단호한 태도가 좀 더 느리고 차분하며 신중한 태도로 바뀐다. 평소에 진취적이고 추

진력이 강한 사람은 분열 상태일 때 하는 일에 진전을 보이지 못하며 생산 활동이 중단된다. 분열 상태의 8번 유형은 자신이 받아들이는 정보를 내보내는 일 없이 그저 흡수하고 쌓아두기만 한다. 또한 이들은 인색해지고 자신의 시간과 에너지에 집착하게 된다. 짧은 순간에 그치든 길게 이어지든 8번 유형은 건강하지 못한 상태일 때 두려움과 피해의식에 시달리며 비밀스러워진다. 성패가 달린 상황이 오면 이들은 평소보다 더 느긋해지고 더 철저하게 준비하기도 한다. 이때 이들은 자기 직감에 의존하기보다는 최대한도로 정신을 연마하고 대비하는 길을 택한다. 8번 유형은 건강한 상태일 때의 5번 유형 특징을 자기에게 유리하게 활용할 수 있다.

8번 유형은 건강하거나 통합된 상태일 때 2번 유형의 긍정적인 특징을 보인다. 이때 이들은 자신의 시간과 에너지를 후하게 베풀며 남들을 신뢰하는 경향이 있다. 건강한 8번 유형은 정서적인 취약성, 연민, 타인에 대한 공감을 수용한다. 이들은 남들의 잘못이나 실수를 전보다 더 빠른 시일 내에 용서하며 실망감을 거둔다. 통합된 8번 유형은 자신의 힘과 대담성을 봉사에 활용한다. 그뿐만 아니라 남들을 그저 위험에서 보호하는 데 그치지 않고 그들이 잘 지내도록 돕는다. 8번 유형은 통합 상태일 때 자신의 도움이 필요한 사람들을 위해서라면 난공불락으로 보이는 벽마저도 무너뜨린다. 이때 이들은 가장 긍정적인 의미에서 대적하기 어려운 상대가 된다.

경고 신호

과도하게 감상적	사사건건 통제	에너지 비축	두려워함
비밀스러워짐	친구 아니면 적	성급해짐	고립을 초래하는 행동

8번 유형 심층 탐구

에니어 사전: 알아두면 유용한 8번 유형의 언어

➤ **신뢰의 원**Circles of Trust: 8번 유형은 자기를 두려워하거나 무시하는 사람에게 에너지를 소모하려 하지 않으므로 이들의 신뢰를 얻는 데는 오랜 시간이 필요하다. 8번 유형은 자기 사람들 주위에 원을 그리고 그 안에 있는 사람들을 세심하게 보호한다. 이 같은 신뢰의 원에는 보호막도 쳐져 있다. 8번 유형은 한두 명 정도의 소수의 인원을 최측근으로 삼는 경향이 있다.

➤ **치열함**Intensity: 8번 유형은 남들보다 떠들썩하게 존재감을 과시하면서 사는 성향을 타고난다. 이들은 사물을 깊이 느끼며 선천적으로 열정이 풍부하다. 8번 유형도 분명 강한 분노를 보일 때가 있지만 다른 사람들은 이들의 치열함을 분노로 오해하곤 한다. 대부분의 사람들은 8번 유형만큼 치열하고 열정적이지 않기 때문이다.

➤ **8번 선망**Eight Envy: 8번 유형의 힘, 결단력, 강렬한 존재감, 일관된 냉철함은 많은 이의 부러움을 산다. 1번, 3번, SX 6번 유형 가운데 일부는 자신이 8번 유형이라고 주장한다. 이들이 보기에 8번 유형의 강점과 약점이 자기들의 강점과 약점보다 바람직하기 때문이다. 다른 유형도 이런 식으로 부러움을 살 때가 있지만 8번 유형은 평소보다 조금만 더 통합된 상태가 되더라도 그 같은 선망을 금세 감지할 수 있게 된다.

➤ **대립적인 친밀감**Confrontational Intimacy: 8번 유형은 다른 사람들과 접촉하기 위해 싸운다. 8번 유형은 그런 식의 접촉이 남들을 두렵게 한다는 사실을 자각하지 못한다. 게다가 자신의 일격이 정정당당하지 못하고 남에게 견디기 어려운 굴욕감을 준다는 사실도 눈치 채지 못한다. 이들은 공격을 즐기며 자신의 행동을 '장난'으로 인식하는 경향이 있다.

➤ **헐크 상태**Hulk Mode: 8번 유형은 자기가 갈등을 꺼리며 '화내는 것'을 좋아하지 않는다고 말한다. 이들이 추구하는 것은 강력한 힘이다. 다른 사람이 그들의 강력한 에너지에 그들이 원하는 방식대로 맞춰주지 못할 때 8번 유형은 자신이 원하는 반응을 얻어내기 위해 헐크로 변해 상황을 악화시키는 버릇이 있다. 8번 유형은 한계를 인식하고 자기가 천하무적이 아니라는 사실을 인정해야 한다.

하위 유형

➤ **자기 보존 본능(SP)의 8번 유형**: SP 8번 유형은 매우 현실적이고 자기 원 안에 있는 사람들과 가능한 한 '아주 가까이에' 붙어 있으려고 한다. 이들은 자신의 작은 세력권을 엄격하게 다스리며 주위에 난공불락의 장벽을 쌓고 싶어 한다. SP 8번 유형의 방어 본능과 갑작스러운 분노는 광고 전화, 거슬리는 소음, 검증되지 않은 외부인, 모임에서 충분한 음식을 주문하지 않는 사람 등과 같이 언뜻 사소해 보이는 이유 때문에 표출되기도 한다. 8번 유형의 다른 하위 유형과 마찬가지로 이들은 자기 사람들을 세심하게 보호하지만 그러한 사실을 과시하지 않는 경향이 있다.

➤ **성적 본능(SX)의 8번 유형**: SX 8번 유형은 8번 유형 중에서도 가장 강렬한 존재감을 자랑하며 치열하고 에너지가 넘친다. 가장 적극적으로 책임을 떠맡을 뿐만 아니라 낯선 상황에 뛰어들더라도 당황하지 않고 강력한 직감에 의존하여 그 상황을 헤쳐나간다. 이들은 얄팍한 술수나 허울뿐인 것들을 가장 못 견뎌하는 사람들이기도 하다. SX 8번 유형은 집단이나 공동체에서 금세 지도자 행세를 하며 '내편이 아니면 적'이라는 사고방식의 소유자들이다. 이들은 가까운 관계에 높은 가치를 두며 매우 헌신적인 태도를 보인다.

➤ **사회적 본능(SO)의 8번 유형**: SO 8번 유형은 역유형으로서 다른 하위 유형과 달리 강력한 힘을 탐욕스럽게 추구하지 않는다. 이들은 어떤 집단이나 공동체의 구심점 역할을 하고 자신의 영향력과 집중력을 쏟아부을 대의명분을 찾는 경향이 있다. 이들은 언제나 당당하며, 남을 위해 싸울 수 있는 용기를 겸비하고 있기 때문에 사람들을 자기편으로 끌어모으는 일에 능숙하다. SO 8번 유형은 의리 있는 동지뿐 아니라 적을 만들기도 쉽다. 긍정적으로든 부정적으로든 집단 내에 큰 풍파를 일으키는 일이 많기 때문이다.

날개

8W7　　　　　　　　　　　　　　　8W9

7번 날개가 있는 8번 유형(8w7)은 매우 원기왕성하고 주관이 뚜렷하며 예리하다. 공격 성향에 속한 두 유형이 결합된 이들은 당연히도 의지가 굳건하며 단호한 말과 존재감을 과시하곤 한다. 이들은 적극적일 뿐만 아니라 무궁무진한 능력을 지닌 것처럼 보이기 쉽 다. 8w9보다 긴장이나 힘든 대화를 불편해한다.

　　9번 날개가 있는 8번 유형(8w9)은 일반적으로 8w7만큼 위압적으로 보이지 않는다. 이들은 웬만하면 먼저 싸움을 걸지 않으며 누가 자기를 도발하지 않는 한 남을 공격하지 않는다. 8w7에 비해 편안한 상태를 좋아하며 혼자 지내는 일이 많다. 이들은 강인하고 완고하며 자신의 육감과 직관에 매우 충실하다. 자기주장을 펼치고 평지풍파를 일으키 려는 욕구와 평화와 균형을 유지하려는 욕구가 끊임없이 충돌하는 상태에서 사는 사람 들이다.

중심 유형

8번 유형은 몸을 통해 정보를 직관적으로 받아들이는 몸 중심 유형에 속한다. 8번 유형 은 새로운 상황에 놓일 때 매우 본능적으로 반응하며 자신의 직감에 의존한다. 몸 중심 유형에 속하는 세 유형은 모두 분노와 독특한 관계를 맺는다. 1번 유형이 분노를 회피하 며 9번 유형이 분노에 무감각하다면 8번 유형은 분노 속에서 허우적거린다. 일부 8번 유 형에 따르면 이들의 분노는 전신을 빠르고도 끊임없이 흐르는 강물과 같다고 한다. 8번 유형이 건강과 통합을 얻는 길은 그 같은 분노를 생산적인 행위와 대의명분에 쏟아붓는 방법을 익히는 것이다.

성향

8번 유형은 남들과 대립하는 공격 성향에 속한다. 8번 유형의 경우 공격 성향은 다른 사람들을 멀리하고 자율성을 주장하고 싶은 충동으로 표출된다. 8번 유형은 강인하고 주관이 뚜렷하며 다른 사람이 방해하더라도 어떻게 하면 자신의 욕구를 충족할 수 있는지 알고 있다. 이들은 자기 말과 행동이 끼치는 영향을 제대로 인식하지 못하는 편이다. 그래서 의도와 달리 센 인상을 주는 일이 많다. 이들은 탐탁지 않은 사람과는 일을 도모하지 않으며, 자기 주위에 명확한 경계선을 긋는다. 항상 미래의 계획과 위험 요소를 앞서 생각하므로 미래 지향적이라고 할 수 있다. 8번 유형은 자신이 가고 싶은 곳이 어디이며 하고 싶은 일이 무엇인지 잘 안다. 공격 성향에 속하는 3가지 유형은 모두 '감정 억압적'이기도 하다. 감정을 느끼기보다 의식적으로 생각하고 행동한다는 뜻이다. 이들에게는 감정을 완전히 처리하거나 표현하는 일이 자연스럽게 이루어지지 않는다. 8번 유형은 비판적으로 사고하고 행동하며, 자신의 감정을 거추장스럽게 여긴다.

잃어버린 고리들

다음은 8번 유형의 '잃어버린 고리들'이다.

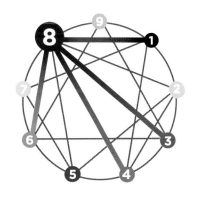

> **8번과 1번**: 1번과 8번은 정의감과
> 윤리의식이 투철하고 정의롭고 윤리적인
> 세상을 만드는 일에 매진한다. 이들은
> 관점이 명확해서 옳지 않다고 생각되는
> 상황이나 사람이 있으면 불같이 분노한다.
> 둘 다 논쟁을 좋아하며 매우 진지한 사람들이라는 평가를 받기도 한다. 이들은
> 사물을 몸으로 느끼며 조종당하는 것을 싫어하고 격심한 분노를 표출한다.

> **8번과 3번**: 3번과 8번은 타고난 지도자이며 어느 장소에 가든 남들의 눈에
> 띈다. 이들의 원동력은 자기 사람들에 대한 깊은 사랑이다. 두 유형 모두 자기가
> 보살피는 사람들을 든든히 지켜주며 어떤 형태로든 비효율을 혐오한다. 이를테면
> 감정 낭비나 감정에 젖어 결론을 내지 못하는 상황을 싫어한다.

> **8번과 4번**: 4번과 8번은 '부담스러운 사람'이라는 말을 자주 듣는다. 이들은
> 진지하며 감정을 속속들이 느끼고 정서적으로 취약하며 불안정하고 남들에게

깊은 인상을 남긴다. 두 유형 모두 얄팍하거나 미적지근한 것을 좋아하지 않는다. 둘 다 자기가 오해를 받고 있다거나 자신의 진가를 인정받지 못하고 있다는 생각을 자주 하는 경향이 있다.

➤ **8번과 6번**: 6번과 8번은 강력한 보호자이자 수호자다. 자기 사람에 대한 굳은 의리로 행동에 나서는 일이 많다. 이들과 같은 편이 되면 이득이 많겠지만 척을 지면 곤란해질 것이다. 두 유형 모두 권위를 신뢰하지 못하며 멀리 있는 위험도 간파할 정도로 예리하다.

8번 유형을 사랑한다면

당신은 살면서 적어도 한 명의 8번 유형과 일정 기간 동안 진지한 관계를 맺었을 가능성이 크다. 다음은 당신이 사랑하는 8번 유형에게 최선을 다하기 위해 염두에 두어야 할 다섯 가지 사항이다.

➤ **그들의 강렬한 성격을 억제하려 하지 마라.** 8번 유형은 주변 사람들로부터 늘 도가 지나치고 너무 떠들썩하니 제발 진정하라고 끊임없는 잔소리를 듣는다. 그러므로 자기가 사랑하는 사람에게서만큼은 똑같은 소리를 듣고 싶어 하지 않는다. 이들과 가까운 사람이라면 자신이 어려움을 겪거나 상황이 안 좋을 때 강인하고 두려움을 모르는 8번 유형이 곁에 있다는 사실이 얼마나 다행한 일인지 잘 알 것이다. 자기가 편리할 때만 그들의 에너지를 이용하는 것은 몹쓸 짓이다. 8번 유형은 남들이 놓치거나 이해하지 못하는 것을 감지하기도 한다. 이때 당신이 그들의 의견을 신뢰해줄 필요가 있다. 때로는 그 강렬한 에너지가 엉뚱한 방향으로 가기도 하지만 그러한 상황에서도 그들의 말에 귀 기울이고 그 에너지를 재구성하고 다른 방향에 쏟는 방안을 함께 연구하라. 무엇보다도 그들이 당신의 의견을 받아들일 수 있도록 그들의 눈높이에 맞추라. 제발 좀 진정하라는 잔소리는 그들에게도 당신에게도 도움이 되지 않는다.

➤ **전념하라.** 8번 유형은 전력을 다하거나 아예 아무것도 하지 않거나 둘 중 하나다. 이들은 무슨 일이든 건성으로 하지 않는다. 자기가 사랑하거나 존경하는 사람에게도 같은 태도를 기대한다. 따라서 8번 유형에게 무슨 일을 하겠다고 말할 때는 그들의 기대대로 전력을 다하겠다는 각오로 임해야 한다. 8번 유형은

자기가 아끼는 사람을 위해 무슨 일을 할 때 어영부영하거나 대충 하는 일이 없다. 그러므로 그들을 존중한다면 그들에게도 똑같은 행동을 보여주라.

▶ **해결책을 구상할 여유를 제공하라.** 사사건건 간섭 받고 싶어 하는 사람은 거의 없겠지만 특히 8번 유형은 그 같은 간섭을 더더욱 못 견뎌한다. 이들은 자율을 매우 중요하게 여기며 남들이 자기를 통제하려 드는 것을 싫어한다. 8번 유형은 강인하고 유연하며 문제를 해결하는 능력이 뛰어난 사람들이며 그에 상응하는 존경을 바란다. 8번 유형을 옥죄거나 사사건건 간섭하면 그들을 신뢰하지 않는다는 속마음을 보이는 셈이다. 명확하고 합리적인 기대를 품고 자유를 제공하면 그들에게 신뢰받고 있다는 확신을 줄 수 있다. 그들은 신뢰를 베푸는 당신에게 고마워할 것이다.

▶ **그들이 평소답지 않게 당신에게 조언을 하면 그 조언에 귀 기울이라.** 8번 유형은 강력한 보호 본능이 있어서 자기 원 안에 있는 사람들을 보살피고 그 사람들이 성공하고 유능해지기를 희망한다. 그러나 남들의 발전에 직접 관여하고 싶어 하지 않기 때문에 관조하는 경향이 있다. 따라서 그들이 조언을 할 때는 대부분 그럴 만한 이유가 있어서다. 이를테면 당신이 처한 상황에 대해 자기만이 해줄 수 있는 조언이 있다고 생각해서일 수도 있다. 그들은 당신이 스스로의 문제를 정확히 파악하고 비판적으로 생각할 뿐만 아니라 스스로를 돌볼 수 있기를 바란다. 이는 8번 유형이 개인적으로 매우 중요시하는 가치관에서 비롯된다. 그들이 그런 식으로 도와주려고 할 때 당신이 그 조언을 진심으로 받아들이면 그들은 세상을 얻은 듯 기뻐할 것이다.

▶ **그들이 실수하면 그 사실을 알려라.** 8번 유형의 행동방식은 '총부터 쏘고 그 다음에 물어보자'는 식이다. 이러한 행동방식은 실수를 불러오지만, 이들은 실수를 곧바로 발견하지 못하곤 한다. 다행스럽게도 8번 유형의 가장 큰 장점은 비판을 객관적으로 받아들일 수 있다는 것이다. 8번 유형이 당신의 비판을 기분 나쁘게 받아들이지는 않을까 걱정할 필요는 없다. 8번 유형이 당신을 화나게 만들면 듣기 좋게 말하지 말고 솔직하게 말하라. 8번 유형은 대개 비판을 선선히 받아들이며, 에둘러 말하지 않고 문제를 일으킬까봐 두려워하지 않는 사람을 존경한다. 8번 유형은 매우 큰 소리를 내는 삶을 살기 때문에 가끔은 그만큼 큰 소리로 피드백을 받을 필요도 있다.

8

8번 유형을 위한 조언

내면에 품은 거짓을 떨쳐내라

어느 유형이나 내면의 허구와 동기를 자각하지 못할 때 빠지기 쉬운 함정이 있다. 그러한 함정은 스스로에 대한 거짓 믿음이나 자기가 세상에서 차지하는 위치에 대한 착각의 형태를 띠기도 한다. 이러한 기만은 이들을 사방이 막힌 상자 속에 가둔다. 함정에서 빠져나오려면 진실을 경청하고 받아들일 필요가 있다.

➤ **거짓: 나약하거나 취약해져서는 안 된다.** ✔ 진실: 당신은 인간이다. 약점이 있어도 괜찮다. 취약점은 엄청난 성장과 힘으로 이어질 수 있으며 다른 사람이 당신의 진면목을 깨닫고 이해하는 데도 도움을 준다.

➤ **거짓: 나는 아무도 믿지 못한다.** ✔ 진실: 믿기는 어렵겠지만 세상에는 유능하면서도 당신이 잘되기만을 진심으로 바라는 사람들이 있다. 당신은 남들과 관계를 맺을 필요가 있다. 당신이 모든 것을 혼자서 제공할 필요는 없다. 당신이 마음을 열기만 하면 당신을 진심으로 사랑해줄 사람들이 존재한다.

➤ **거짓: 내가 모든 것을 통제해야 안심이 된다.** ✔ 진실: 당신은 항상 가장 강인하고 영리하며 다부지고 유능한 사람이 될 필요가 없을 뿐만 아니라 그렇게 될 수도 없다. 당신 이외에도 강인하고 유능할 뿐만 아니라 당신을 아끼는 사람들이 있다는 사실을 잊지 말자.

➤ **거짓: 감정은 나약함의 표상이다.** ✔ 진실: 당신의 강점 중 하나는 감정을 솔직하고 명확하며 정확하게 표현하는 능력이다. 감정 표현은 당신뿐 아니라 사랑하는 사람들에게 유익한 선물이 될 수 있다.

➤ **거짓: 나는 너무 부담스러운 존재다.** ✔ 진실: 당신은 선천적으로 매우 치열하고 열정적인 사람이다. 주위 사람들이 당신의 에너지를 감당하지 못한다면 그것은 당신이 아니라 그들의 손해다.

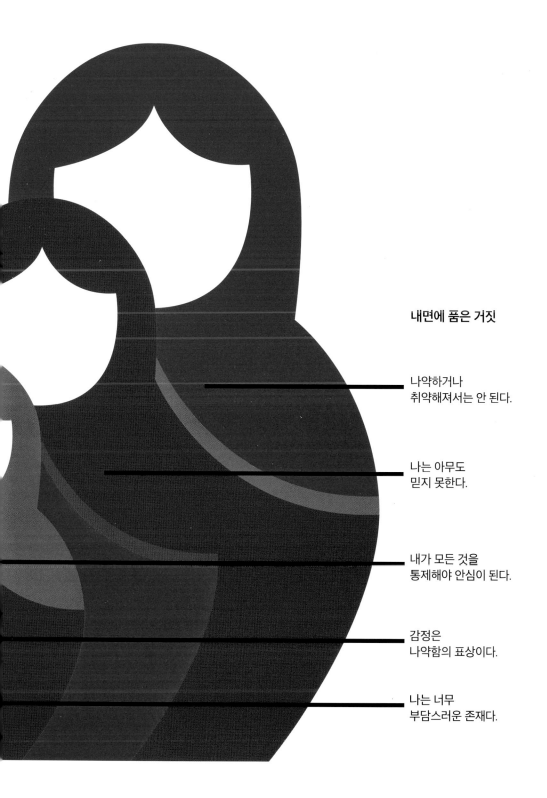

내면에 품은 거짓

나약하거나
취약해져서는 안 된다.

나는 아무도
믿지 못한다.

내가 모든 것을
통제해야 안심이 된다.

감정은
나약함의 표상이다.

나는 너무
부담스러운 존재다.

8

파급 효과

당신의 행위와 성향은 스스로뿐만 아니라 많은 사람에게 영향을 준다. 그러므로 당신이 그러한 영향에 관심을 기울일 때 다른 사람에게도 더 큰 도움을 줄 수 있다.

➤ 자신의 취약성이나 약점을 전혀 드러내지 않으려 하면 주위 사람에게 취약성은 부끄러운 것이니 그들도 항상 강인하고 굳건하게 행동해야 한다고 강요하는 것과 마찬가지다. 당신은 강렬한 존재감과 영향력을 떨치는 사람이다. 그러므로 마음을 터놓거나 방어벽을 허무는 것이 안전하지 못한 것처럼 행동하면 주위 사람들도 그러한 분위기를 감지하고 당신의 행동을 따라할 가능성이 크다. 접근을 거부하는 것처럼 행동하면 남들도 당신에게 다가오지 않을 것이다. 그 결과 사람들은 당신의 재능을, 당신은 남들의 재능을 향유할 수 없게 된다.

➤ 그저 지루하다는 이유만으로 긴장감을 불러일으키는 행동을 하면 다른 사람이 손해를 볼 뿐 아니라 당신도 이렇다 할 이유 없이 순식간에 혼란을 초래하는 사람으로 낙인찍힌다. 사람들은 당신에게 다가오지 못하고 조심스럽게 주변을 맴돌기만 할 것이다. 그뿐만 아니라 '부담스러운' 사람이라는 이미지가 굳어져서 당신과 진심으로 교류하고자 하는 사람들도 줄어들 것이다. 갈등을 일으키고 큰 소리로 자기 의견을 표명하는 데는 여러 가지 정당하고 타당한 이유가 있겠지만 지루함은 그 이유가 될 수 없다. 능력이 된다는 것 때문에 무작위로 힘을 휘두르면 정말로 그 힘을 써야 할 때 효과가 줄어든다.

➤ 당신은 생각보다 더 큰 영향력을 발휘할 수 있다. 어떤 상황에서든 자신의 목표를 공격적으로 밀어붙이면, 다른 사람들까지도 좌지우지하게 되는 것이다. 당신이 분위기를 통제하게 되면 다른 사람들이 의견을 펼칠 수 없게 된다. 이것은 남들의 참여를 가로막고, 당신이 보호하고자 하는 사람들을 제한하는 행동이기도 하다. 자신의 목표를 밀어붙이는 행동이 적절할 때도 있지만 그렇게 하면 예상 외로 큰 파급 효과가 일어날 수도 있다는 사실을 명심해야 한다.

건강한 습관

➤ **연민.** 8번 유형은 약자에 대해 깊은 연민을 느낀다. 불의에 반대한다는 말만으로는 충분하지 않으며, 불의에 분노한다면 발 벗고 나서야 한다. 직접

참여하고 자신이 돕고자 하는 사람들의 입장에 서서 생각해보자. 당신은 공감능력이 충분한 사람이다. 약자를 위해 행동하고 봉사함으로써 연민을 실천하면 진정한 자아를 찾을 수 있다.

➤ **책임감**. 8번 유형은 자신의 취약성을 회피하는 경향이 있으며 지배당할지도 모른다는 두려움에 사람들을 피하는 경향이 있다. 불안을 극복하기 위해서는 당신이 신뢰할 수 있는 사람들을 책임져야 한다. 당신이 존재와 취약성을 드러낼 수 있는 사람이 필요한 것이다. 그렇지 않으면 겉으로만 강력해 보일 뿐 이면에는 자신의 진정한 자아를 감추는 삶을 살아가게 될 것이다.

8번 유형의 자기 관리

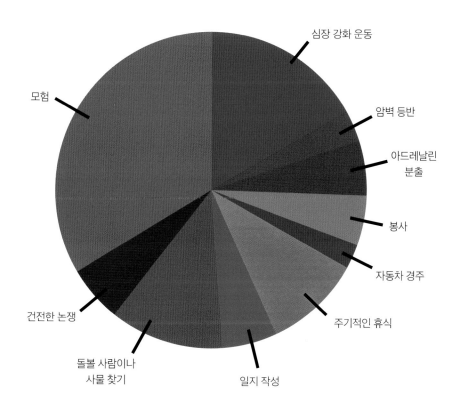

자기 점검

몸

자기 혹사/난폭	호전성/무모함	적극성/내면에서 비롯된 추진력

머리

완고함/과대망상	자만/자기 뜻 강요	용기/결단력

가슴

부도덕한 '사기꾼'	감정적인 욕구 부인	더 높은 권력에 순종

자아

강력하고 천하무적이라는 착각	자화자찬/자기중심적	자신감/자기주관

타인

냉혹함/독재적	강압적/포용성 부족	너그러움/보호자 역할

재미로 보세요!

헐크	아이언맨	원더우먼

➤ **표현의 자유.** 당신은 남들이 부담스러워할까봐 표현을 맘껏하지 못할 때가 많을 것이다. 8번 유형은 그 어떤 유형보다도 에너지가 많으며 심심하거나 지루해질 때 넘치는 에너지를 감당 못하고 싸움을 걸거나 긴장 상태를 유발할 수 있다. 8번 유형이 건강할 수 있는 비결은 에너지를 충분히 발휘할 수 있으면서도 안전한 공간을 마련하는 것이다. 예를 들면 신체적으로 에너지를 발산하고, 꾸미지 않은 모습으로 남들과 마음껏 어울리며, 창의력을 발산할 출구를 찾는 것이다. 당신에게는 부드러운 인상을 주려고 고심하지 않아도 되는 공간이 필요하다.

깨달음

건강하지 못하고 강박적인 패턴에서 탈피하려면 평소의 행동 방식과 상반되는 일을 할 필요가 있다. 8번 유형에게 필요한 깨달음은 일종의 '연육 작용tenderizing'이다. 고기를 연하게 하기 위해서는 무거운 물체로 고기를 여러 차례 힘껏 두드리는 행동이 필요하다. 그래야 씹는 느낌도 좋아지고 고기도 부드러워진다. 8번 유형이 사람들을 멀리하기 위해 장벽을 높이 쌓으면 쌓을수록 그 장벽을 무너뜨리는 힘도 더 강력해져야 한다. 그래야 남들이 겉모습에 감춰진 당신의 진짜 영혼에 다가갈 수 있다. 어떤 타격은 아무리 자신만만한 8번 유형이라도 참지 못할 만큼 쓰라릴 것이다. 때로는 8번 유형이 자체적으로 힘을 길러 사람들을 차단하기 위해 쌓은 장벽을 스스로 넘어가야만 할 때도 있다.

8번 유형에게는 부드러워지고 순수함을 찾는 것이 자유로워지는 길이다. 강력한 연육 작용을 통해서든 사소하고 점진적이며 의식적이고 적극적인 행동을 통해서든 전에 경험해본 적 없는 순수함을 찾는 방법은 8번 유형의 선택에 달려 있다. 어떠한 방법을 선택하든 장벽을 넘어 다른 사람들과 가까워지는 일에는 어려움과 두려움이 따를 수 있다. 한동안은 남들의 통제를 받아야 할 수도 있다. 하지만 진심으로 방어벽을 낮추고 싶다면 약점이 될 수도 있는 특징을 노출해야 하며, 당신의 경계를 허물어줄 사람들을 신뢰해야 한다. 순수함에 한 걸음 더 다가가려면 냉소주의에서 한 걸음 멀어져야 한다. 성숙한 8번 유형은 자기 힘에 휘둘리지 않고 그 힘을 통제하는 법을 익혔기 때문에 부드러움, 순수함, 관대함에 손쉽게 도달할 수 있다. 그렇게 되면 8번 유형뿐 아니라 그들이 속한 공동체 전체가 참된 변화를 맞이할 수 있을 것이다.

8

9번 유형

평화주의자
중재자
조정자

에니어그램 9번 유형은 평화주의자, 중재자, 조정자 등으로도 불린다. 이들은 느긋하고 끈기 있으며 꾸준하고 너그러우며 남을 편안하게 해주는 사람들이다. 평소에는 잠잠하지만 돌발적으로 불같은 성미를 드러내기도 한다. 9번 유형은 평화와 조화를 매우 좋아한다. 이들은 어떤 장소에 발을 들여놓자마자 긴장을 감지하는 능력이 있으며 상황에 따라 긴장 상태에서 거리를 두거나 긴장을 해소하는 재능이 있다. 어떤 이야기를 듣더라도 양쪽의 관점을 두루 파악하고 이해하는 데 천부적인 재능을 보이며, 어떤 종류의 사람에게든 환영받고 관심받고 있다는 느낌을 준다. 9번 유형은 긴장이 고조될 때 정신적으로든 육체적으로든 탈진하기 쉽다. 이들은 남들의 스트레스를 감지하고 그 때문에 스스로도 스트레스를 받는다.

9번 유형은 평화, 고요, 맛있는 음식 등과 같이 삶의 소소한 즐거움에 만족한다. 이들은 군이 짜릿한 모험을 찾아 나서지 않는 편이다. 9번 유형의 가장 큰 욕구는 삶이 불편해지거나 방해받지 않는 것이다. 이들의 겉모습이 평안해 보인다고 해서 내면도 항상 평화로우리라 예단해서는 안 된다. 이들은 갈등이나 긴장을 끊임없이 회피하는 과정에서 자기도 모르게 부정적인 생각이나 감정을 억누르는데 이때 감당하기 어려울 정도로 많은 에너지가 소모된다. 부정적인 생각이나 상황을 회피하는 시간이 길어질수록 이들은 당장 폭발할 것만 같은 휴화산처럼 부글부글 끓어오른다. 결국에는 그토록 회피했던 온갖 불쾌한 상황에 처하여 꼼짝 못하게 되기도 한다. 이들에게는 자기주장을 펼치고 이의를 제기할 때 필요한 노력이 부족하기 때문이다. 모든 관점을 명확히 파악하는 이들의 능력은 오히려 우유부단함과 내적 갈등을 유발한다. 이들은 중간 지대에 사는 것에 익숙해져 있기 때문이다.

9번 유형의 세계

9번 유형만 존재한다면 세상은 조용하고 덜 치열하며 대립이 적은 곳이 될 것이다. 아무도 먼저 싸움을 걸지 않기 때문에 전쟁도 없으며 다들 다른 사람의 의견을 따를 것이 분명하다. 사람들이 끊임없이 사과하고 심지어 저지르지도 않은 일 때문에 미안해할 것이다. 모두가 양쪽의 주장을 들어주며, 무엇이든 순순히 받아들인다. 겉보기에 세상은 훨씬 더 평화롭고 쾌적해질 것이다. 그러나 그 이면에는 모든 사람이 공격성과 울화를 억누른 채 속을 끓이고 있을 가능성이 크다. 그 누구도 본심을 말하지 않을 것이다. 사람들이 우왕좌왕 갈피를 잡지 못하는 통에 정시에 끝나는 일도, 마무리되는 일도 없을 것이다.

동기 부여 요소

평화와 평온에 대한 갈망은 사실 주위 세상과 조화를 이루어야 한다는 끊임없는 강박에서 비롯된다. 9번 유형은 본능적으로 가장 저항이 적은 길을 선택하는 경향이 있으며 다른 유형에 비해 살면서 만나는 골칫거리에 대처할 에너지가 부족하다. 9번 유형은 무엇이든 남들을 기쁘게 하는 일을 하려고 애쓴다. 문제를 일으키거나 문제를 겪고 싶어 하지 않는다. 9번 유형 중에는 수백 통의 문자 메시지와 이메일을 읽지 않고 내버려두는 사람도 있다. 또한 9번 유형은 목록에 있는 할 일을 처리할 때도 중요도가 아니라 편의 순서대로 처리하려고 한다. 재촉받는 것을 좋아하지 않으며 말과 행동이 굼뜨고 두서없는 경우가 많다. 이 같은 습성은 자신에게 문제에 대처할 에너지나 재주 또는 체력이 충분하지 않다는 믿음에서 비롯된다. 무의식적인 방어기제가 갈등을 회피하고 실상이 어떻든 간에 평화롭게, 조화롭게 보이는 상태를 추구하는 형태로 나타난다.

그림자 측면

9번 유형은 사랑과 동의, 이해를 구할 때 진정한 사랑이나 *끈끈한* 관계 대신에 무의식적으로 어정쩡한 상태에 안주하는 경향이 있다. 이들이 이러는 이유는 자신이 진정으로 가치 있다고 생각하지 않거나 이면에 감춰진 상황에 대처하는 것이 버겁거나 에너지가 부족하거나 너무 쉽게 만족하기 때문이다. 9번 유형은 차선책을 택한다. 어쩌면 안주하는 행위 자체에 안주한다고도 할 수 있다. 자각이 없는 9번 유형이 선호하는 평화는 겉치레에 불과하며 진짜 평화라고 보기 힘들지만 이들이 그처럼 피상적인 평화를 추구하는 까닭은 에너지가 덜 소모되기 때문이다. 이들은 평온한 상태 이면의 건강하지 못한 습관과 생각을 겉으로 드러내려 하지 않는다. 수많은 미지수와 도전과제에 맞닥뜨릴까봐 두려운 것이다. 9번 유형에게 이면을 탐색하는 행위는 지뢰가 여기저기 묻힌 위험지대를 빠져나가는 것이나 다름없기 때문이다. 이들은 차라리 가만히 있는 편을 택하고 아무것도 터지지 않으면 모두가 평화롭게 지낼 수 있다고 믿는다.

9번 유형은 다양한 거짓 믿음을 머릿속으로 되뇌지만 그럼에도 자기 삶에서 상당한 자율권을 누리고 산다. 이들이 되새기는 거짓 믿음 가운데 대표적인 것으로는 자기 의견과 존재가 중요하지 않다는 믿음, 자신이 그 무엇이나 그 누구에게도 자기 의지를 행사할 수 없다는 믿음, 어려움을 견디지 않으면 이기주의자로 간주된다는 믿음, 자신에게 어려운 결정을 내릴 만한 자질이 없다는 믿음, 욕구를 충족하기보다 평화를 유지하는 것이 중요하다는 믿음, 아무도 자신에게 주목하지 않고 관심이 없다는 믿음 등이 있다. 9번 유형은 어린 시절부터 갈등을 회피하고 해소하는 법을 일종의 생존 전략으로 터득하며 최우선의 행동 양식으로 삼는다. 그에 따라 주위 사람 모두가 옳든 그르든 자신을 긍정하고 받아들여주는 9번 유형의 중립적이고 사근사근한 태도에 익숙해진다. 우리는 9번 유형의 태도를 당연한 것으로 받아들이게 되고 그들은 우리가 은연중에 전달하는 생각을 내면화한다.

이처럼 복잡한 동기와 행동으로 똘똘 뭉친 9번 유형의 가장 큰 죄악이자 단점은 태만이다. 태만은 단순 작업이 산적한 상황일 때는 육체적 게으름의 형태로 나타난다. 그 모든 일을 감당할 에너지도, 의지도 부족하기 때문이다. 이때 그들은 자신의 아늑한 보금자리에 틀어박혀 며칠 동안 떠나지 않는다. 또는 외부 환경을 어질러지고 어수선한 상태로 방치한다. 이들의 태만은 내적인 나태, 진취성 부족, 에너지 낭비를 꺼리는 태도 등으로 나타나기도 한다. 또한 태만은 사회적인 게으름으로 나타나기도 한다. 이를테면 이들은 군이 필요하지 않으면, 사람들을 만나거나 대화하지 않는다. 대인관계에서도 게으름을 피우는데 이때 이들은 에너지가 소모되고 불편해진다는 이유에서 갈등에 대처하려 하지 않는다. 태만은 다양한 상황에서 가만히 있는 편이 개혁보다 마음 편하기 때문에 그저 그렇거나 수준 미달인 현재 상황에 만족해버리는 식으로도 표출된다. 9번 유형이 이 같은 성향을 자각하지 못하면 태만이 이들의 행동에 많은 영향을 준다(아니면 행동이 부족한 것도 그 영향일 수 있다). 태만은 9번 유형이 고난이나 문제에 부딪힐 때 무기력감을 느끼는 자기 자신을 보호하기 위해 사용하는 방어기제이기도 하다.

9번 유형의 통합과 분열

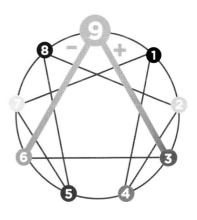

9번 유형이 잠깐이든 오랜 기간이든 분열이나 스트레스 상황에 처할 때는 6번 유형의 몇 가지 특징을 보인다. 평소의 차분함과 느긋한 태도가 강박적이고 불안하며 방어적인 태도로 바뀔 수 있다. 이들의 머릿속은 무엇이든 여유롭게 받아들이는 평소와 달리 끊이지 않는 걱정과 두려움으로 정신없이 돌아간다. 일반적으로 갈등이 일어나거나 관계가 삐걱거릴 때 9번 유형은 상황을 개선하거나 상대방의 말을 선의로 해석하거나 부정적인 감정이 들더라도 신경 쓰지 않는 등의 반응을 보인다. 그러나 스트레스를 겪거나 분열 상태에 있을 때의 9번 유형은 성급하게 최악의 상황을 상상하며, 필요 이상으로 내적 긴장을 확대한다. 자기라는 존재가 없어도 그만이라는 일관되고 무의식적인 믿음이 수면 위로 떠올라 생각과 행동에 한층 더 뚜렷하게 드러나게 된다. 그렇다고 해서 9번 유형이 6번 유형의 특징을 보이는 것이 반드시 부정적인 일만은 아니다. 삶이 스트레스로 가득해지거나 한층 더 위태로워질 때 자기에게 유리하도록 6번 유형의 특징을 활용할 수 있기 때문이다. 물론 상황이 잘못될 수도 있다는 가정하에 그에 따른 계획 수립이 필요할 때도 있다. 9번 유형이 중요한 프로젝트나 과제, 스트레스를 높이는 큰일에 맞닥뜨릴 때 6번 유형의 특징대로 머리를 쉴 새 없이 굴리고 위협 요소를 살피며 조바심을 늦추지 않는 양상을 보이는데 그 덕분에 예리하고 민첩하게 행동할 수 있게 된다. 모든 스트레스가 분열의 징후는 아니다.

건강하고 통합된 9번 유형은 3번 유형의 긍정적인 측면을 보인다. 위축되고 욕구를 억누르던 평소 습성에서 탈피하여 한층 더 적극적인 성격으로 변화한다. 9번 유형은 건강할 때 예리한 판단력과 결단력을 보이며 금세 행동을 취한다. 이때 이들은 자기가 가치 있는 사람이고 무엇이든 기여할 수 있으며 자신의 의견이 중요하게 받아들여질 것을 알게 된다. 이들은 조화에 대한 욕구와 그 욕구를 충족하기 위해 할 일을 명확하게 파악할 수 있으므로 평화를 위해서 더 적극적이 되고 기꺼이 자기주장을 펼칠 수 있게 된다. 타성에 젖은 9번 유형은 골치 아픈 일로 방해받지 않고 싶은 욕구 때문에 주위 세상의 일에 둔감할 때가 많지만 건강한 상태에서 3번 유형의 특징에 가까워질 때는 주위와 적극적으로 교류하고 자기 내면의 작용에도 주의를 기울인다. 태만에서 벗어나 활동하고 성취하며 의사표현에 적극적이 된다.

경고 신호

| 분석 마비/
너무 많은 생각 | 잦은 기분 동요 | 시비 걸기 | 편집증 |
| 약물 중독 | 망연자실 | 위축 | 최악의 상황 가정 |

9번 유형 심층 탐구

에니어 사전: 알아두면 유용한 9번 유형의 언어

> **동화**Merging: 9번 유형은 남에게 동화되는 경향이 있다. 평화를 유지하기 위해 본심도 아니면서 남의 의견에 동의하거나 맞춘다는 뜻이다. 이러한 습성은 원하지 않는 활동에 참여하거나 자기 방식을 포기하고 다른 사람의 방식대로

어떤 행위를 하는 등의 형태로 나타난다.

➤ **내면의 성소**Inner Sanctum: 9번 유형은 항상 외적·내적 평화를 유지하려 하기 때문에 삶의 모든 측면에 피곤함을 느낀다. 그에 따라 이따금씩 자기 내면으로 짧은 휴가를 떠나는 경향이 있다. 이들의 마음 깊은 곳에 있는 안식처가 바로 내면의 성소다.

➤ **초점 없는 시선**One-Hundred-Mile Stare: 9번 유형은 멍해지거나 다소 넋이 나간 것처럼 보일 때가 있다. 자기 주변에서 아무 일도 일어나지 않으면 이들은 정신을 놓곤 한다. 심지어 대낮에 갑자기 잠들어버릴 때도 있다. 9번 유형은 대화하다 말고 갑자기 먼 곳을 바라보는 듯 초점이 사라지면서 정신을 놓는다.

➤ **마비/마취**Numbing/Narcotizing: 9번 유형의 방어기제는 인터넷 동영상 시청, 허공 응시, 음식물 섭취, 운동은 물론 마약 복용 같은 위험한 행위를 통해 무감각해지고 마취된 기분을 느끼는 것이다. 이들은 자신이 인생의 수많은 도전과제를 해결할 자질이 없다고 생각하기 때문에 일종의 탐닉 행위를 통해 현실 도피를 꾀한다. 9번 유형은 자기 스스로는 신나는 기분을 느낄 수 없으므로 외부에서 강렬한 자극을 찾는다.

하위 유형

➤ **자기 보존 본능(SP)의 9번 유형**: SP 9번 유형은 9번의 다른 하위 유형에 비해 일상적인 습관에 충실하다. 이들은 음식물 섭취든 잠이든 운동이든 독서든 자신에게 확실한 위안을 주는 행위나 사물을 좋아한다. 따뜻한 웃음, 맛있는 음식, 평화롭고 고요한 자기만의 작고 아늑한 세상을 벗어나지 않으려는 9번 유형의 전형적인 특징은 SP 9번 유형에게 가장 잘 부합한다. SP 9번 유형은 일상적인 습관에서 편안함을 느낀다. 일상적인 습관이야말로 새로운 도전과제에 필요한 에너지를 최소화하고 예측 가능한 방식으로 삶을 영위할 수 있는 방식이기 때문이다. SP 9번 유형은 원치 않은 도전과제에 에너지를 소모하거나 일상적인 생활이 방해받을 때 좌절하고 초조해진다.

➤ **성적 본능(SX)의 9번 유형**: SX 9번 유형은 강렬한 힘과 도전을 갈망하며 다른 하위 유형에 비해 쉽게 흥분을 느낀다. 그뿐만 아니라 동화도 더 잘 된다. 특히 이들은 극소수의 가까운 사람들에게 깊이 동화된다. SX 9번 유형은 중요한

인간관계를 통해 간접적으로 느끼고 모험하며 삶을 대리 체험하므로 혼자 있는 것을 유독 힘들어한다. 이들은 흥분과 재미를 느끼는 상태와 자신의 내면으로 파고 들어가고 싶은 마음 사이를 오락가락한다. SP 9번 유형이 일상적인 습관을 중시하는 경향이 있듯이 SX 9번 유형은 가까운 사람들과의 관계에 몰입한다.

➤ **사회적 본능(SO)의 9번 유형**: SO 9번 유형은 어떤 집단에 속해 있느냐에 따라 전혀 9번 유형처럼 보이지 않기도 한다. 이들은 남들이 자기를 편하게 대하면 7번 유형에 가까워지며 다양한 사회 집단을 넘나드는 경향이 있다. SO 9번 유형은 갈등을 중재하거나 사람들을 결집하고 그 과정에서 자기 개인사를 망각하기 위해 집단 내의 중추적인 역할을 맡고 싶어 하는 편이다. 이들은 SX 9번 유형이나 SP 9번 유형과는 다른 방식으로 태만에 대처한다는 점에서 역유형이다. 태만에 완전히 빠지기보다는 육체적으로나 사회적으로나 분주하게 지냄으로써 내면의 문제를 억누르고 회피한다. SO 9번 유형은 주변 사람에게 평화와 조화를 가져다주면 자신의 내면세계에도 평화와 조화가 찾아온다고 믿는 사람처럼 행동한다.

날개

8번 날개가 있는 9번 유형(9w8)은 평화를 유지하고 싶은 욕구와 부당한 일에 이의를 제기하고 싶은 욕구 사이에서 끊임없이 갈등한다. 이들은 때로 자기 안에 두 개의 인격이 있으며 그 사이를 오락가락하면서 지배를 받는 것처럼 느끼기도 한다. 9w8은 대체로 9w1에 비해 자기주장이 강하며 겉보기에 열정적이고 권위주의를 싫어한다.

1번 날개가 있는 9번 유형(9w1)도 방해받지 않는 삶을 살고 싶은 욕구와 자기가 접하는 불의를 모두 바로잡고 싶은 욕구 사이에서 끊임없이 갈등하며 산다. 그러다 보니 불가피하게 행동에 나서고 불편을 감수하기도 한다. 이들은 9w8에 비해 내향적이고 이상주의적이며 질서정연하고 성실하다. 9w1은 일종의 분출구를 통해 체계화하려는 욕구를 해소하는 경향이 있으며, 대세에 따르는 성격이 완고하고 체계적인 성격으로 전환되어 나타나기도 한다.

중심 유형

9번 유형은 몸 중심 유형에 속한다. 몸을 통해 정보를 직관적으로 받아들인다는 뜻이다. 이들은 찰나에 불과하더라도 몸으로 먼저 반응한다. 그뿐만 아니라 자신이 초래한 긴장감 같은 감정도 몸으로 느낀다. 몸 중심 유형에 속하는 세 가지 유형 모두 분노를 행동의 원동력으로 삼는다. 그런데 9번 유형은 자신의 분노에 둔감하다. 분노를 억누르는 편이 표출하는 것보다 에너지가 덜 소모된다고 믿기 때문에 자신의 분노를 무시하거나 억누르는 것이다. 그래서 자신이 분노했다는 사실을 몇 분, 몇 시간, 심지어 며칠이 지나고 나서야 깨닫는 경우도 있다. 9번 유형은 분노가 몸에 영향을 끼쳐야 자신이 화났다는 사실을 알아차린다.

성향

9번 유형은 움츠림 성향에 속한다. 이들은 내부로 숨는 성향이 강해서 사람들과 가깝게 지내지 않는다. 삶의 상당 부분을 자기 내면에 할애하며, 그 속에서 사는 사람들이다. 이들은 쉽게 생각에 빠져들고 상상 속에서 온갖 상황을 가정하며 남들과 대화도 나누지 않은 채로 갈등을 중재하거나 해소하는 능력이 있다. 9번 유형은 다른 사람이 무엇인가를 심하게 강요할 때 자신이 생각하는 독립성을 지키기 위해 움츠러들기도 한다.

움츠림 성향에 속하는 세 가지 성향 모두 행동 억압적이라서 '행동'하거나 실행하기보다는 직관적으로 생각하고 느낀다. 이들은 대부분 심오하고 영리하며 섬세한 두뇌의 소유자이며 이들의 가장 큰 도전과제는 주변 환경에 관여하고 자신의 의지를 관철하는 것이다. 9번 유형은 몸 중심 유형에 속하지만 그럼에도 행동 억압적이다. 상황에 대해 신체적이고 직관적인 반응을 보이지만 행동에 나서기보다 행동하려는 마음을 억누르는 습성이 있다.

잃어버린 고리들

다음은 9번 유형의 '잃어버린 고리들'이다.

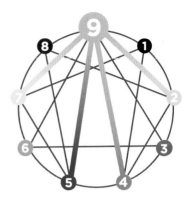

- ➤ **9번과 2번**: 2번과 9번은 둘 다 자기주장이
  약한 유형이다. 9번 유형은 평화를
  유지하기 위해 (그리고 혼자 있기 위해) 자신을
  버리고 주위에 동화되는 반면에 2번 유형은
  자신의 가치를 찾기 위해 권위 있는 사람
  뒤로 숨는다. 두 유형 모두 잘 공감하며 너그럽고 봉사 정신이 강한 유형이며
  거절을 어려워한다. 각자 자신의 방식대로 타인의 기분을 느끼기도 한다.
- ➤ **9번과 4번**: 4번과 9번은 완전한 소속감을 느끼지 못한다는 점에서 비슷하다.
  이들은 소속감이 충분하지 않으므로 자아도취에 빠지기 쉬우며 때로 과장된
  사람이라는 인상을 줄 수 있다. 움츠림 성향에 속하는 두 유형은 과거
  지향적이라서 복고적이라는 인상을 전달한다. 또한 두 유형 모두 이야기를
  좋아하며 특히 다른 세계로 도피할 수 있는 판타지나 허구에 이끌린다.
- ➤ **9번과 5번**: 5번과 9번은 움츠림 성향에 속하며 회피 성향이 매우 강하다. 이들은
  사생활을 중시하며 내성적이다. 남의 말을 잘 들어주고 비밀도 잘 지켜주지만
  편안한 상태를 유지하기 위해서 의식적으로 남들과 거리를 둔다. 두 유형 모두
  지각 능력이 뛰어나고 심오한 사색가들로 지적 호기심을 자극하는 대화와
  주제를 좋아한다. 둘 다 잠을 매우 중요시한다.
- ➤ **9번과 7번**: 7번과 9번은 겉으로는 공통점이 많지 않아 보이지만 둘 다
  극단적으로 고통을 회피한다. 두 유형 모두 쾌락을 즐기고 관대하며
  다재다능하고 적응 능력이 뛰어나며 대세에 순순히 따른다. 둘 다 산만하거나
  정신이 딴 곳에 팔린 사람처럼 보이기도 한다.

9번 유형을 사랑한다면

당신이 가깝게 지내거나 사랑한 사람 중에 적어도 한 명쯤은 9번 유형이 있었을 가능성
이 크다. 다음은 9번 유형을 사랑하기 위해 명심해야 할 다섯 가지 사항이다.

➤ **말을 끊지 마라.** 9번 유형은 자기 의견과 존재가 하찮다는 생각에 끊임없이 시달린다. 그러므로 자기 의견을 내거나 어떤 형태로든 중요한 역할을 맡는 것을 꺼릴 때가 많다. 당신이 그들의 말을 끊거나 설득하려 하면 그들은 당신이 자기 의견이 더 중요하고 그들의 의견은 그리 중요하지 않다는 본심을 드러낸다고 생각할 것이다. 9번 유형은 양쪽의 말을 공평하게 들어주며 우리가 평소에는 알아채지 못했던 관점으로 문제를 바라볼 수 있도록 유도하는 재능이 있으므로 대부분의 경우 그들의 말을 들어주는 것이 좋다. 9번 유형의 말을 들어보지도 않고 그들을 설득하려고 한다면 그들이 능력을 발휘할 기회를 뺏는 것이다. 이들이 의견을 내거나 중요한 역할을 담당하지 못하도록 방해해서는 안 된다.

➤ **의견을 낼 수 있는 여지를 제공하라.** 9번 유형은 남들의 기분을 거스를 만한 의견을 내거나 이의를 제기하려 하지 않는다. 9번 유형과 가까운 사람이라면 그들이 심란해하거나 좌절할 때 한층 더 쉽게 알아차릴 수 있다. 이들은 자기에게 어떤 종류의 관심이 쏟아지는 것도 원하지 않기 때문에 중요한 의견이 있어도 내지 않으려 한다. 그래서 어떨 때는 그들의 대변인 역할을 떠맡아서 그들이 하고 싶은 말을 대신 해줘야 할 때도 있다. 그러나 그보다 더 좋은 방법은 그들이 자기 목소리를 낼 수 있도록 돕는 것이다. 이를테면 9번 유형이 무슨 말을 하려고 하는데 남들이 그 말을 듣지 않고 있다면 9번 유형에게 주목하도록 분위기를 유도하라는 뜻이다. 9번 유형이 선뜻 말을 꺼내지 않으려 하면 그들의 의견에 동의하고 격려하라. 이들이 무슨 말을 하고 싶어 하지만 어떻게 말을 꺼내야 할지 모른다면 그들의 말을 들어주며 언제 말을 꺼내면 좋을지 함께 연구하라. 9번 유형에게 의견을 낼 여지를 제공하는 일은 이들에게 자기 가치에 대한 확신과 믿음을 심어줄 수 있을 뿐 아니라 성장과 발전에도 도움을 준다.

➤ **9번 유형과 갈등을 겪을 때는 참을성 있고 일관된 태도를 보여야 한다.** 9번 유형은 갈등을 좋아하지 않는다. 그러나 갈등은 품위 있고 성숙하게 처리되기만 한다면 현재의 한계를 넘어 성장하는 데 도움이 된다. 당신이 사랑하는 9번 유형이 자신과 관련된 갈등을 회피하려고 한다면, 갈등이 해소되어야 모두에게 이득이라는 사실을 알려주라. 9번 유형은 가장 저항이 덜한 길을 선택하는 경향이 있는데, 갈등에는 저항이 따르게 마련이다. 그들이 당신에게 화가 난 상태라면 당신은 그들이 마음을 터놓으려 할 때까지 끈기 있게 기다려야 할지도

모른다. 이들이 솔직하게 말하면 그 말을 진지하게 받아들여야 한다. 지금 당장 아무 말을 하지 않는다 하더라도 기다려주어야 한다. 이들이 갈등에 대한 감정을 터놓기까지는 아주 오랜 시간이 걸릴 때도 있다. 9번 유형이 당신과 같은 방식으로 갈등에 대처하지 않는다는 사실을 기억하고 그들의 관점으로 갈등을 바라보도록 하라. 그렇게 하면 두 사람의 갈등 해소에 많은 도움이 될 것이다.

► **최우선으로 대하라.** 9번 유형은 무의식적으로 자신이 누구에게도 최우선이 아닌 듯이 행동하며 마음속으로도 그렇게 믿는다. 이들은 남들에게 선뜻 순응하는 사람들로 주위 사람에게 민폐를 끼치지 않으려고 최대한 애쓴다. 따라서 행동이나 관계에 대해 자각하지 못한 사람은 무심하게 그들을 설득하려 들고 대수롭지 않게 여기기 쉽다. 9번 유형을 사랑한다면 그들이 당신의 삶에서 가장 중요한 존재이므로 당신에게 폐를 끼쳐도 될 자격이 있으며, 당신이 그들의 말과 행동에 주목하고 있을 뿐만 아니라 함께 하고 싶어 한다는 사실을 분명하고 확실하게 전달하라. 그들은 선뜻 자신의 중요성을 주장하려 하지 않는다. 따라서 당신이 그들을 도와줘야 할 때가 종종 있을 것이다.

9번 유형을 위한 조언

내면에 품은 거짓을 떨쳐내라

각 유형마다 자기 내면의 이야기와 동기를 제대로 깨닫지 못할 때 빠지기 쉬운 함정이 있다. 함정은 자신의 실체와 위치에 대한 거짓된 믿음의 형태를 띠기도 하는데 그러한 거짓에서 벗어나려면 진실을 듣고 받아들여야 할 필요가 있다.

► **거짓: 내 의견을 주장하는 일은 옳지 않다.** ✓ 진실: 당신에게는 세상의 다른 사람들과 마찬가지로 자기 의견을 주장할 권리가 있다. 그뿐만 아니라 평소 행동과 달리 당신이 자기주장을 하면 남들이 주목할 가능성이 크다. 당신을 사랑하고 존중하는 사람들은 당신이 자기주장을 펼친다는 사실만으로도 감사해할 것이다.

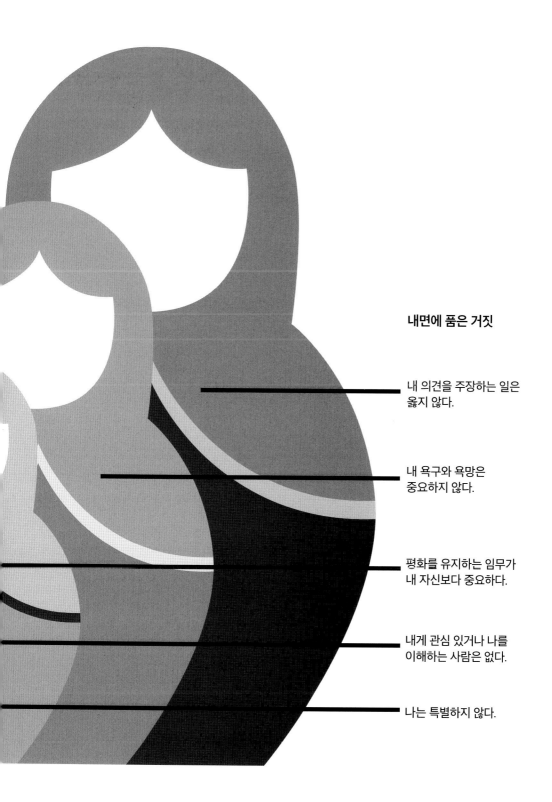

내면에 품은 거짓

내 의견을 주장하는 일은
옳지 않다.

내 욕구와 욕망은
중요하지 않다.

평화를 유지하는 임무가
내 자신보다 중요하다.

내게 관심 있거나 나를
이해하는 사람은 없다.

나는 특별하지 않다.

► **거짓: 내 욕구와 욕망은 중요하지 않다.** ✓ 진실: 당신의 욕구와 욕망은 다른 사람의
욕구와 욕망만큼 중요하다. 당신은 당신이 중요하게 생각하는 남들보다 못할
것이 없는 사람이다.

► **거짓: 평화를 유지하는 임무가 내 자신보다 중요하다.** ✓ 진실: 휴전으로 끝나는
'평화'는 진짜 평화가 아니다. 가짜 평화를 택하면 당신은 어정쩡한 상태에
갇혀서 아무에게도 의견을 제시하지 못하게 되고 오히려 불만스러운 상황에
처하게 된다. 가짜 평화는 갈등이나 혼란을 해소하기보다는 그 방향을 바꿀
뿐이다. 당신이 내면으로 느끼는 평화야말로 갈등 해소에 반드시 필요한 요소다.

► **거짓: 내게 관심 있거나 나를 이해하는 사람은 없다.** ✓ 진실: 사람들은 당신의
의견을 듣고 싶어 하고 당신의 참여를 반가워한다. 당신은 사람들이 갈망하는
평화와 안정감을 가져다주는 존재이기 때문이다.

► **거짓: 나는 특별하지 않다.** ✓ 진실: 당신은 특별하다. 당신은 남들보다 명쾌한
눈으로 평화와 조화를 찾아낼 수 있다. 또한 당신이 가진 공감 능력은 큰
재능이며 당신의 내적 열정은 항상 신선한 충격을 준다.

파급 효과

당신의 행위와 성향은 스스로뿐만 아니라 많은 사람에게 영향을 준다. 그러므로 당신이
그러한 영향에 관심을 기울일 때 다른 사람에게도 더 큰 도움을 줄 수 있다.

► 갈등을 회피하는 것은 바람직하지 못한 자세다. 또한 그것은 당신뿐만 아니라
다른 사람들에게도 손해다. 시간이 흐름에 따라 갈등이 해소되는 경우도
존재하지만 문제가 해결되지 않은 기간이 길어지면 길어질수록 상황이 악화되는
경우가 더 많기 때문이다. 사소한 문제를 회피하다가는 더 큰 문제까지 놓치게
될 수도 있다. 게다가 갈등의 당사자는 언제나 둘 이상이다. 한 명 이상의
사람과 갈등을 해소하지 않은 채로 넘어가면 상대방은 당신이 어떤 사람인지,
의도가 무엇인지, 당신이 자신을 어떻게 생각하는지 등에 대해 억측하는 수밖에
다른 도리가 없다. 갈등 상황에서 자기 의지, 의견, 존재감을 표현하지 않으면
인간관계는 전보다 훨씬 더 악화될 것이다. 혼자만의 생각 속에서 갈등을
해소한다고 해서 상대방과의 갈등이 해소되는 것은 아니다.

➤ 9번 유형은 대부분의 상황에서 만족한 표정을 지으며 전혀 불평하지 않는 능력이 있다. 아주 훌륭한 자질이기는 하지만 그러다 보면 남들은 당신이 정말로 만족한 상태인지 아니면 분위기를 깨뜨리지 않으려고 그냥 대세에 따르는지, 회피하는지, 불만을 억누르는지 정확히 알 수 없다. 당신이 원하는 것과 거슬리는 것에 대해 조금이라도 단서를 제공하지 않으면 주위 사람은 어림짐작하고 좌절하거나 당신의 본심이 무엇인지 의아할 것이다. 다른 사람들이 당신에게 무엇을 원하는지, 무슨 생각을 하는지 물어볼 때는 대부분의 경우 당신의 생각을 알고 싶어서다. 주위 사람들은 당신의 생각보다 훨씬 더 적극적으로 당신의 욕구를 맞춰줄 의향이 있다. 풍파를 일으키지 않으려는 욕구에 충실하다가 관계가 악화되는 경우도 있다는 점을 명심하라.

➤ 당신은 자기 존재와 의견이 별로 중요하지 않다고 생각할 때가 많다. 그 생각을 극복하지 못하고 언제나 그렇듯이 상황에 참여하지 않으면 사람들은 그에 적합한 반응을 보일 것이다. 그 중에는 견디기 어려울 정도로 심하게 추궁하는 사람이 있는가 하면 당신의 거짓 믿음을 그대로 받아들이는 사람도 있을 것이다. 당신이 관계에 참여하지 않아 상처받는 사람도 생기게 마련이다. 당신이 눈에 띄지 않으려 하면, 어떤 사람은 그냥 넘어가버리고 당신이 그곳에 없는 듯이 행동할 것이다. 이 모든 상황은 당신의 그릇된 믿음이 강화되는 악순환을 일으킬 수 있다. 주위 사람을 위해서나 스스로를 위해서나 나서서 행동하라. 당신이 상황에 참여하지 않으면 관련된 다른 사람 모두가 큰 손해를 보게 된다.

9번 유형은 보살핌받고 싶어 하고 재촉이나 강요를 좋아하지 않으며 남들이 자신을 진지하게 생각해주기를 바란다. 누군가가 자신의 말을 들어주고 어려움을 함께 헤쳐 나가주길 바란다. 또한 서로 갈등이 있어도 상대방이 자기를 여전히 사랑하며 둘 사이가 다시 좋아지리라는 확신을 얻고 싶어 한다.

건강한 습관

➤ **굴복하기.** 9번 유형은 쉽사리 굴복하지 못한다. 굴복하는 훈련을 통해 우리는 자유로워지고 자기 뜻을 이루어야 한다는 부담을 덜 수 있다. 내 뜻대로 해야 한다는 부담을 덜어주는 훈련법이다. 9번 유형은 자기 안에 있는 울화와

긴장감을 자각하지 못하는 경우가 많다. 따라서 그러한 부담을 인정하고 벗어던지는 훈련을 하면 진정한 평화를 찾는 데 도움이 된다.

➤ **자연 산책**. 둘레길 산책, 등산, 암벽 등반, 자전거 타기, 조깅, 공원이나 해변 산책은 9번 유형이 균형을 회복하고 평화롭고 고요한 기분을 되찾는 데 도움을 준다. 9번 유형은 자연을 통해 자신이 혼란스러운 세상에 살고 있지만 삶에는 자연의 섭리가 작용한다는 사실을 깨달을 수 있다. 세상에 비하면 자기 존재는 물론 현재의 문제쯤은 미미하기 그지없으며 태고 이래로 항상 그래왔다는 깨달음을 얻을 수 있다.

9번 유형의 자기 관리

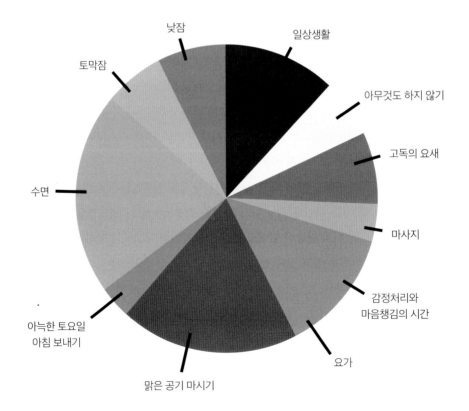

➤ **중재.** 다른 사람의 갈등을 해소하려는 욕구를 부끄럽게 생각해서는 안 된다. 그러한 재능을 활용할 방법을 모색하라. 중재는 엉망진창이 된 관계에 참여하고 개입하는 일이므로 에너지 소모가 따르지만 9번 유형이 주위 사람을 가장 자연스럽게 도울 수 있는 방법이기도 하다.

➤ **욕구와 필요 인정하기.** 누구에게나 욕구와 필요한 것이 있다. 9번 유형이 자기만의 주관을 찾기 위해서 반드시 해야 할 일은 스스로의 욕구를 확인하고 주장하는 것이다. 날마다 일지 형식으로 2~3가지 욕구나 필요 사항을 기록하기만 해도 많은 도움이 될 것이다. 자신이 원하고 필요로 하는 바를 파악할 여유를 마련하는 것이야말로 성장에 반드시 필요한 일이다.

깨달음

9번 유형은 건강하지 못한 성향과 습관을 해결하지 못하면 온갖 어려움과 문제를 회피하고 외면하다가 고립, 우울, 관계 단절에까지 이를 수 있다. 9번 유형이 몽유병에서 깨어나려면 그 같은 경험을 극대화된 형태로 여러 차례 겪어야 한다. 깨달음은 외면할 수 없을 정도로 심각한 갈등의 형태로 찾아올 수도 있다. 해소되지 않은 극심한 긴장감 때문에 여러 갈래로 찢어지는 고통을 느낄 때 찾아오기도 한다. 깨달음은 문제를 억누르려는 강박을 깨버려야 할 정도로 극한의 상황에 처할 때도 이루어질 수 있다. 자기 의견을 밝히고 이의를 제기하지 못하는 무능력에서 벗어나려면 고통스러운 경험을 해야 할지도 모른다.

9번 유형은 날마다 자각하지 못한 채로 추락하느냐 아니면 평소 습관에서 벗어나 단호한 행동을 취하느냐 하는 선택의 기로에 선다. 교훈은 점진적인 방법으로도, 뼈아프고 급격한 방법으로도 얻을 수 있다. 점진적인 자각은 저항이 있더라도 무조건 그 방향으로 다가갈 때 이루어진다. 점진적인 깨달음을 위해서는 자신과 남들과의 관계를 속속들이 꿰뚫어 보고 자신의 발전을 가로막는 습성을 찾아내어 고치려는 행동이 필요하다. 새로운 씨앗을 뿌리기 위해서는 단단한 땅을 파헤쳐야 한다. 멀리 내다보면서 순간적인 평화보다 장기적인 평화를 선택해야 한다.

9번 유형에게는 날마다 소소하고도 간단한 방법으로 단호한 행동을 취할 수 있는 기회가 있다. 어려운 방법을 추구하면 할수록 점점 더 큰 문제를 해결할 수 있고 중재하며 조화를 이끌어낼 수 있다. 그러다 보면 그토록 갈망하던 평화를 얻을 수 있을 것이다.

자기 점검

몸

긴장병/태만　　　　　　　활동적이지만 건성으로 참여함　　　　활동적이고 활발하게 참여함

머리

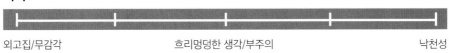

외고집/무감각　　　　　　흐리멍덩한 생각/부주의　　　　　　　　　낙천성

가슴

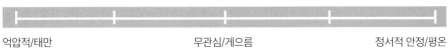

억압적/태만　　　　　　　무관심/게으름　　　　　　　　　정서적 안정/평온

자아

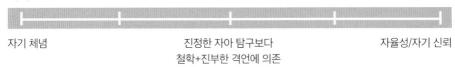

자기 체념　　　　　　　진정한 자아 탐구보다　　　　　　자율성/자기 신뢰
　　　　　　　　　　철학+진부한 격언에 의존

타인

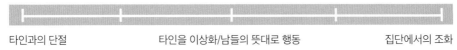

타인과의 단절　　　　타인을 이상화/남들의 뜻대로 행동　　　　집단에서의 조화

갈등 상황

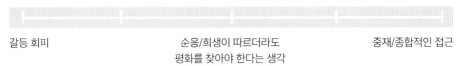

갈등 회피　　　　　　　순응/희생이 따르더라도　　　　　중재/종합적인 접근
　　　　　　　　　　평화를 찾아야 한다는 생각

9번 유형의 성장은 자신뿐만 아니라 주변 세상에도 진정한 조화를 가져다준다. 9번 유형은 날마다 자신의 가장 깊은 욕구를 세상에 도움이 되는 가장 위대한 재능으로 전환할 수 있는 기회를 얻을 수 있다.

앞으로 할 일

● ● ● ● ● ● ○ ● ○

에니어그램은 효과적이고도 직설적인 방법으로 우리의 본 모습을 밝혀준다. 자신의 에니어그램 유형을 알고 나서 자신의 뿌리 깊은 동기와 가장 큰 단점이 드러났다는 사실에 분노, 수치심, 짜증을 느끼는 사람도 있다. 그렇다면 이제 어떠한 행동을 해야 할까? 당신은 에니어그램 유형을 파악하고 이 책을 통해 몇 가지 새로운 표현을 익히며 성장을 위한 도전과제가 무엇인지 알아보았다. 그 다음으로는 어떻게 해야 할까?

➤ **에니어그램을 나쁜 행동의 핑계로 삼지 마라.** 우리는 당신이 스스로에 대한 잘못된 믿음, 나쁜 습관, 스스로에게 되뇌는 건강하지 못한 이야기 등을 몇 가지라도 떨쳐버리기를 바란다. 이제 당신이 할 일은 그러한 거짓을 진실로 물리치고 나쁜 습관을 떨쳐내며 건강하지 못한 이야기를 수정하는 것이다. 에니어그램을 나쁜 습관과 해로운 행동을 지속할 구실로 삼지 마라. 이제 더 많은 지식을 얻었으니 더 나은 행동을 하라.

➤ **자기 유형에 얽매이지 마라.** 에니어그램 유형은 당신의 성격과 행동 양식 중에서 한 단면을 보여주는 지표에 불과하다. 에니어그램으로는 당신이 어떤 사람인지 속속들이 파악할 수 없다. 말할 수 없이 유용하기는 하지만 만병통치약은 아니다.

➤ **다른 사람의 유형을 판단하지 마라.** 주위 사람에 대해 알고 싶으면 시간을 들여 9가지 유형을 심층 탐구하라. 그렇게 하면 사람들이 세상을 바라보는 다양한 방법을 이해하는 데 도움이 된다. 그러나 에니어그램 유형을 가까운 사람에게 함부로 적용해서는 안 된다. 누구도 좋아하지 않는 행동이다.

➤ **에니어그램을 다른 사람에게 강요하지 마라.** 에니어그램이 자각과 자기계발을

돕는 유일한 수단은 아니다. 또한 모두에게 공감을 사는 도구도 아닐 것이다. 그래도 괜찮다.

- ➤ **도움을 청하라.** 당신은 이 책을 읽으면서 전문가의 분석이 필요한 진실을 몇 가지쯤 깨달았을 수도 있다. 전문가에게 털어놓으라! 심리 상담자, 정신건강 전문가, 영적 지도자 등 당신과 여정을 함께 걸어줄 노련한 지지자를 찾아라. 사람은 누구나 도움이 필요하다.
- ➤ **타성에 젖어 있던 과거의 습관이 다시 튀어나오더라도 자기 자신을 괴롭히지 마라.** 에니어그램을 통해 '바로잡았다'라고 생각하더라도 온갖 어려움을 겪다 보면 옛 습관에 다시 빠지거나 분열을 겪는 것은 한순간이다. 스스로에게 관대하라. 자각의 과정은 여행길과 같아서 오르막과 내리막이 있다.

마지막으로 자기 이해는 끝이 아닌 성장의 계기라는 점을 명심하라. 당신이 자신에 대한 지식을 얻은 후에 무엇을 하든 우리는 그러한 지식이 유익하게 쓰이고 성장을 뒷받침하기를 바란다. 이제 당신은 인간으로서의 본분을 다하는 데 필요한 언어와 지식을 더 많이 갖추게 되었다. 에니어그램의 언어와 지식을 공감과 연민에 활용하라. 에니어그램을 활용하여 사람들에게 힘을 주고 주위 사람들을 새로운 눈으로 바라보라.

우리가 즐겁게 쓴 이 책을 당신도 즐겁게 읽었으면 한다. 이 책에 시간을 내준 것에 감사할 따름이다. 궁금한 점이나 의견이 있으면 언제든 우리의 인스타그램 계정(@justmyenneatype)으로 연락해주기 바란다.

당신의 친구,
조시와 리즈

당신의 컬러는 무엇입니까

에니어그램 심리학으로 보는 9가지 성격유형의 비밀

초판 1쇄 발행 2021년 8월 3일

지은이 리즈 카버 · 조시 그린
옮긴이 서정아
펴낸이 성의현
펴낸곳 (주)미래의창

편집주간 김성옥
책임편집 정보라
디자인 윤일란
홍보 및 마케팅 연상희 · 김지훈 · 김다울 · 이보경

출판 신고 2019년 10월 28일 제2019-000291호
주소 서울시 마포구 잔다리로 62-1 미래의창빌딩(서교동 376-15, 5층)
전화 070-8693-1719 **팩스** 0507-1301-1585
홈페이지 miraebook.co.kr
ISBN 979-11-91464-35-1 03180

※ 책값은 뒤표지에 있습니다. 잘못된 책은 바꿔 드립니다.

생각이 글이 되고, 글이 책이 되는 놀라운 경험. 미래의창과 함께라면 가능합니다. 책을 통해 여러분의 생각과 아이디어를 더 많은 사람들과 공유하시기 바랍니다.
투고메일 togo@miraebook.co.kr (홈페이지와 블로그에서 양식을 다운로드하세요)
제휴 및 기타 문의 ask@miraebook.co.kr